INTERDISCIPLINARIDADE:
HISTÓRIA, TEORIA E PESQUISA

COLEÇÃO
MAGISTÉRIO: FORMAÇÃO E TRABALHO PEDAGÓGICO

Esta coleção que ora apresentamos visa reunir o melhor do pensamento teórico e crítico sobre a formação do educador e sobre seu trabalho, expondo, por meio da diversidade de experiências dos autores que dela participam, um leque de questões de grande relevância para o debate nacional sobre a Educação.

Trabalhando com duas vertentes básicas – magistério/formação profissional e magistério/trabalho pedagógico –, os vários autores enfocam diferentes ângulos da problemática educacional, tais como: a orientação na pré-escola, a educação básica: currículo e ensino, a escola no meio rural, a prática pedagógica e o cotidiano escolar, o estágio supervisionado, a didática do ensino superior etc.

Esperamos assim contribuir para a reflexão dos profissionais da área de educação e do público leitor em geral, visto que nesse campo o questionamento é o primeiro passo na direção da melhoria da qualidade do ensino, o que afeta todos nós e o país.

Ilma Passos Alencastro Veiga
Coordenadora

IVANI CATARINA ARANTES FAZENDA

INTERDISCIPLINARIDADE:
HISTÓRIA, TEORIA E PESQUISA

PAPIRUS EDITORA

Capa	Fernando Cornacchia
Foto de capa	Rennato Testa
Copidesque	Cristiane Rufeisen Scanavini
Revisão	Ana Carolina Garcia de Souza e Vera Luciana Morandim

Dados Internacionais de Catalogação na Publicação (CIP)
(Câmara Brasileira do Livro, SP, Brasil)

Fazenda, Ivani Catarina Arantes
    Interdisciplinaridade: História, teoria e pesquisa/Ivani Catarina
Arantes Fazenda. – 18ª ed. – Campinas, SP: Papirus, 2012. –
(Coleção Magistério: Formação e Trabalho Pedagógico)

Bibliografia.
ISBN 978-85-308-0307-0

1. Interdisciplinaridade na educação   I. Título.   II. Séri

12-01374	CDD-370.1

Índice para catálogo sistemático:
1. Interdisciplinaridade: Filosofia da educação   370.1

18ª Edição – 2012
11ª Reimpressão – 2025
Tiragem: 60 exs.

Exceto no caso de citações, a grafia deste livro está atualizada segundo o Acordo Ortográfico da Língua Portuguesa adotado no Brasil a partir de 2009.

Proibida a reprodução total ou parcial da obra de acordo com a lei 9.610/98. Editora afiliada à Associação Brasileira dos Direitos Reprográficos (ABDR).

DIREITOS RESERVADOS PARA A LÍNGUA PORTUGUESA:
© M.R. Cornacchia Editora Ltda. – Papirus Editora
R. Barata Ribeiro, 79, sala 3   – CEP 13023-030 – Vila Itapura
Fone: (19) 3790-1300 – Campinas – São Paulo – Brasil
E-mail: editora@papirus.com.br – www.papirus.com.br

*Para Marcelo, pela inspiração e alegria
de um tempo vivido e por viver.
Para Carla, pela ousadia e genialidade.
Para Jorge, pelo carinho, crédito e
espírito de pesquisa.
A todos que pesquisam essa temática.*

SUMÁRIO

APRESENTAÇÃO   9

1. REVISÃO HISTÓRICO-CRÍTICA DOS ESTUDOS
SOBRE INTERDISCIPLINARIDADE   13
O movimento da interdisciplinaridade na década de 1970   18
*Repercussão dos estudos sobre interdisciplinaridade no Brasil
na década de 1970*   23
O movimento da interdisciplinaridade na década de 1980   27
Repercussão dos estudos sobre interdisciplinaridade no Brasil   29
*O movimento da interdisciplinaridade no Brasil no
início dos anos 90*   33

2. A CONSTRUÇÃO INTERDISCIPLINAR A PARTIR
DA RELAÇÃO PROFESSOR/ALUNO   37
*Pontuando componentes conceituais através de algumas
referências históricas*   38
Questionando elementos da realidade   42
Explorando possibilidades e esboçando perspectivas   44

3. A CONSTRUÇÃO DA IDENTIDADE FUNDAMENTADA
   NO AUTOCONHECIMENTO — ENSAIO   47

4. A CONSTRUÇÃO DA COMUNICAÇÃO FUNDAMENTADA
   NO DIÁLOGO — ENSAIO   53
   Palavra-mundo   53
   Palavra-encontro   54
   Palavra-ação   56
   Palavra-valor   57

5. A CONSTRUÇÃO DE UM MÉTODO FUNDAMENTADO NA AÇÃO   61
   Prolegômenos à análise   65

6. A CONSTRUÇÃO DA DIDÁTICA A PARTIR DA PRÁTICA
   DOS PROFESSORES   71

7. A CONSTRUÇÃO DE FUNDAMENTOS A PARTIR
   DE UMA PRÁTICA DOCENTE INTERDISCIPLINAR   81

8. A CONSTRUÇÃO DE UMA ALFABETIZAÇÃO
   INTERDISCIPLINAR — ENSAIO   91

9. A CONSTRUÇÃO DE UM PROJETO FUNDAMENTADO NA PESQUISA   97

10. A CONSTRUÇÃO DE UMA PESQUISA DE MÚLTIPLAS TEMÁTICAS   113
    Sobre a intencionalidade e a origem das pesquisas   115
    Sobre o que identifica ou marca a pesquisa interdisciplinar   116
    Sobre as formas simbólicas encontradas nas pesquisas   119
    Sobre a atitude dos pesquisadores   121

11. A CONSTRUÇÃO DA PESQUISA A PARTIR DA IDENTIDADE
    DO PESQUISADOR   125

APONTAMENTOS BIBLIOGRÁFICOS   141

APRESENTAÇÃO

Trata-se de meu 13º livro. O 13 é um número que agradavelmente me acompanha. Muito do bom que a vida me brindou a ele está ligado — em 13/11 nasceu meu filho Marcelo, em 13/10 defendi minha tese de doutoramento, em 13/7, minha livre-docência. Esta é minha 13ª produção em formato de livro, é a terceira tentativa de esboçar caminhos para a interdisciplinaridade no ensino.

Fui movida em toda elaboração deste livro pela intenção de organizar saberes adquiridos, procurei também contribuir para a produção de novos saberes — aqueles pesquisados na área da educação, saberes que poderão contribuir para a construção de uma nova ciência escolar. Parto, como em escritos anteriores, do caos das ideias escritas, das múltiplas formas que esse caos assume, e tento a partir deles um esboço mais organizado, que possa até mesmo servir de fundamento para teorizações maiores sobre interdisciplinaridade.

Disse em outros momentos e novamente repito que a interdisciplinaridade se consolida na ousadia da busca, de uma busca que é sempre pergunta, ou melhor, pesquisa.

Este texto é um exercício do pensar; alimenta-se de uma erudição que não é revelada, mas, pressentida, porque arduamente construída, construção própria da pesquisa interdisciplinar, solitária em sua gênese, coletiva enquanto sai de seu anonimato e conquista novos pesquisadores.

O movimento deste texto é próprio de um projeto interdisciplinar, vai do ator ao autor de uma história de vida, vai de uma ação exercida a uma elaboração teórica sempre construída.

Explicitar o movimento a partir das ações conduziu-nos a uma nova construção, não diria epistemológica, pois não parte do *logos*, do apenas refletido, mas, do ontológico que atinge o *ethos* da ação. Compreender os motivos que me conduzem à valorização de uma ação permitiu-me intuí-la, revelá-la e talvez superá-la.

Tratei do movimento, não do modelo. O movimento nem sempre é previsível, pois sugere a emergência de outros novos movimentos, porém a explicitação de um movimento permite mostrar ao outro as possibilidades dele mesmo.

Ao tentar descrever o movimento de uma pesquisa, procurei apreender a teoria que a embasou, porém, o movimento que essa teoria desenha é próprio da formação e da história de vida de quem a construiu.

O movimento que as pesquisas me revelaram passou por uma síntese entre a história de vida do autor e a minha própria.

Assim, tentei caminhar no sentido de uma educação interdisciplinar, em que a pressuposição é de que se aprende fazer pesquisa, pesquisando.

A pesquisa realizada encerra segredos. Ousei nesta proposta revelá-los.

Todo processo de educação bem-sucedido mereceria ser socializado, porém esse trabalho é árduo, exige o rompimento com a acomodação, por isso detive-me tanto tempo na elaboração deste livro... As rupturas de linguagem que esta compilação contempla são rupturas normais a uma produção escrita em diferentes tempos e espaços. Cuidei para não comprometer a estrutura dos textos, orde-

10

nando-os sem alterá-los, pois acredito que podemos modificar nossa forma de expressão, porém nunca mudaremos nós mesmos.

As sobrecargas de trabalho que habitualmente assumimos costumam nos deixar órfãos da escrita. Foi preciso muito esforço para recuperar essa maternidade. Assim, decidi parar para poder exercer o que mais gosto de fazer na minha profissão depois de dar aulas: escrever.

Inicialmente apresento uma evolução histórico-crítica do conceito de interdisciplinaridade. Foi um trabalho bastante exaustivo, lento e paciente, porém muito necessário, pois foi trabalho de fundo — obrigou-me a uma revisita aos clássicos da interdisciplinaridade —, permitiu-me antever o movimento dos estudos que outros e eu mesma estamos desenvolvendo.

Ousei categorizar o conceito e sua evolução. Sei que essa categorização bem como o mapeamento de categorias é inicial, porém tenho procurado aperfeiçoá-lo desde que o apresentei em Portugal em fevereiro de 1993, em sua versão preliminar; mas, desde sua divulgação, já o tenho encontrado amplamente utilizado por outros colegas.

A revisão conceitual é histórico-crítica, contempla uma intrincada rede de autores com tendências e avanços próprios nas diferentes épocas e lugares onde a questão tem sido pesquisada. Aponta caminhos a seguir, alguns promissores como o da pesquisa interdisciplinar — nascida de ações comprometidas por pesquisadores lúcidos, criativos e comprometidos.

O segundo aspecto tratado neste livro é de como nasce, desenvolve-se, alimenta-se e consolida-se um grupo de estudos e pesquisas sobre interdisciplinaridade. Trata das dificuldades, sobretudo das teóricas; ousa anunciar formas de interpretá-las. Procurei analisá-lo em sua extensão, qualidade e propagação.

Já disse também em outro contexto que interdisciplinaridade é essencialmente um processo que precisa ser vivido e exercido. Se exercê-lo é prazeroso, maior prazer encontramos em dividi-lo com você, leitor.

Próprio também do movimento interdisciplinar é o estabelecimento de novas e melhores parcerias — o conhecimento interdisciplinar quando reduzido a ele mesmo empobrece, quando socializado adquire mil formas inesperadas.

Como último e terceiro aspecto, este livro contempla uma síntese interdisciplinar das quase 30 pesquisas já realizadas. Todas elas buscaram demonstrar a essência do cotidiano escolar. A descoberta do interior de cada pesquisa, do símbolo que a movimenta possibilitará ao leitor a descoberta de seus próprios movimentos e símbolos.

Outro pressuposto que é contemplado pelas pesquisas desenvolvidas considera tão importante quanto o conteúdo das mesmas, suas formas, pois o "recado" também e sobretudo é dado pela construção estética do texto.

Tínhamos um material imenso a ser socializado neste livro, por exemplo: resenhas detalhadas dos trabalhos produzidos e transcrição dos debates sobre as pesquisas realizadas; entretanto não nos foi possível ainda organizá-lo.

A análise das pesquisas passou também pelo crivo de seus autores. O que podemos dizer é que cada autor retornou ao grupo com uma releitura do seu texto, e submeteu-o a uma nova forma de diálogo com o grupo. A possibilidade de o autor dialogar com sua própria produção requer um tempo de silêncio — tempo necessário para que o texto deixe de ser exclusivamente dele e passe a ser de outrem. A volta ao próprio trabalho possibilita novas produções.

No diálogo com o grupo, o autor volta a ser ator, e como ator provoca o nascimento de outros autores, que solitariamente trilharão seus caminhos, porém na encruzilhada da vida encontrarão outros parceiros.

1
REVISÃO HISTÓRICO-CRÍTICA DOS ESTUDOS SOBRE INTERDISCIPLINARIDADE*

A pesquisa sobre interdisciplinaridade por mim iniciada no começo da década de 1970 vem percorrendo inúmeros caminhos; caminhos esses tão tortuosos que me impeliram em 1990 a uma parada para reflexão sobre os mesmos, em que procedi a uma revisão crítica que me permitiu a percepção de alguns ganhos e a indicação de novas direções.

Entre as várias conclusões a que o trabalho[1] chegou, uma delas proponho-me a ampliar nesse momento: é impossível a construção de uma única, absoluta e geral teoria da interdisciplinaridade, mas é necessária a busca ou o desvelamento do percurso teórico pessoal de cada pesquisador que se aventurou a tratar as questões desse tema.[2]

---

* Ampliação do texto produzido para o 1º Congresso internacional de formação de professores nos países de língua e expressão portuguesas, Aveiro, Portugal, 1993.

1. Esse trabalho, apresentado à Unesp e defendido como tese de livre-docência, intitulou-se *Interdisciplinaridade – Um projeto em parceria* e foi publicado por Edições Loyola ao final de 1991.

2. *Op. cit.*, p. 112.

Embora não seja possível a criação de uma única e restrita teoria da interdisciplinaridade, é fundamental que se atente para o movimento pelo qual os estudiosos da temática da interdisciplinaridade têm convergido nas três últimas décadas.

O objetivo, pois, do presente trabalho será o de explicitar as fases e as contradições próprias desse movimento, indicando as principais dicotomias que dele emergem e a forma como os estudos e as pesquisas sobre a interdisciplinaridade vêm enfrentando tais dicotomias.

Para tanto, seleciono os textos dos principais téoricos por mim conhecidos, reindagando-os sobre seus posicionamentos. De indagação em indagação, de perplexidade em perplexidade procurarei identificar e interpretar seus mais caros símbolos na realização de seus trabalhos. Uma questão primeira, encontrada em todos os teóricos pesquisados, é a necessidade da superação da dicotomia ciência/existência, no trato da interdisplinaridade. Isso nos leva a pensar que qualquer atividade interdisciplinar, seja ela de *ensino* seja de *pesquisa*, requer uma imersão teórica nas discussões epistemológicas mais fundamentais e atuais, pois a questão da interdisciplinaridade envolve uma reflexão profunda sobre os impasses vividos pela ciência atualmente.[3]

A chamada crise das ciências tem sido proclamada por muitos, em diversas escolas de pensamento em diferentes países. Fala-se em crise de teorias, de modelos, de paradigmas, e o problema que resta a nós educadores é o seguinte: *É necessário estudar a problemática e a origem dessas incertezas e dúvidas para se conceber uma educação que as enfrente.* Tudo nos leva a crer que o exercício da interdisciplinaridade facilitaria o enfrentamento dessa crise do conhecimento e das ciências, porém é necessário que se compreenda a dinâmica vivida por essa crise, que se perceba a importância e os impasses a serem superados num projeto que a contemple.[4]

---

3. A esse respeito, encontramos entre outros o livro de H. Japiassú, publicado recentemente, *As paixões da ciência*, da Ed. Letras e Letras, 1991, em que o autor percorre a ciência desde a caça às bruxas, nos tempos modernos, a Galileu, Newton, Einstein, Skinner.
4. Em nossos cursos sobre *interdisciplinaridade*, ao procedermos à reflexão sobre o *dilema atual*

Parece-me que o grande dilema que vem se propondo desde o final da Segunda Grande Guerra teria, por assim dizer, o seguinte perfil simplificado: a ciência questionada em suas objetividades não encontra pátria nas atuais subjetividades. A verdade paradigmática da objetividade tem sido substituída pelo *erro* e pela transitoriedade da ciência. Essa provisoriedade da verdade e da ciência, por conseguinte, vai nos permitir anunciar a possibilidade de um real encontro entre ciência e existência.

Se o *erro* passa a ser critério de verdade, pensamos que um caminho interessante a ser percorrido no atual movimento seria o de releitura da filosofia em seus primórdios revendo o passado, com olhos de presente e de futuro, e nele revisitar — Sócrates aquele que primeiro colocou a dúvida.

Nessa volta ao tempo que somente a memória permite, tentamos encontrar o fio condutor da história do conhecimento, e eis que um primeiro *símbolo* nos é anunciado: *Conhece-te a ti mesmo*. Conhecer a si mesmo é conhecer em totalidade, interdisciplinarmente. Em Sócrates, a totalidade só é possível pela busca da interioridade. Quanto mais se interiorizar, mais certezas vai se adquirindo da ignorância, da limitação, da provisoriedade. A interioridade nos conduz a um profundo exercício de humildade (fundamento maior e primeiro da interdisciplinaridade). Da dúvida interior à dúvida exterior, do conhecimento de mim mesmo à procura do outro, do mundo. Da dúvida geradora de dúvidas, a primeira grande contradição e nela a possibilidade do conhecimento... Do conhecimento de mim mesmo ao conhecimento da totalidade.

Porém, a busca da totalidade vai conduzindo o conhecimento ao caos, indiscriminado, matriarcal, urobórico.[5] Esse todo caótico,

---

das ciências, temos nos servido, entre outros, dos seguintes textos:
A psicologia dos psicólogos — H. Japiassú, Imago, 1983.
A crise de paradigmas na sociologia — Octavio Ianni, RBCS, 1990.
Introdução a uma ciência pós-moderna — B.S. Santos, Graal, 1989.
O pós-moderno — Lyotard, J. Olympio, 1988.
Comunidade global e responsabilidade universal — Dalai Lama, Eco, 1992.
Nueva conciencia — Jordi Pigem (org.), Integral Ed. Barcelona, 1991.
5. Utilizando-me de linguagem junguiana.

entretanto, precisa cumprir seu destino de ordem, de regra, de organização, de patriarcado,[6] e um novo retrocesso ao passado remete-me ao século XVIII, nele um *símbolo* mais me é anunciado: *Penso, logo existo,* em Descartes.

A ordem desse momento, século XVIII, indica-me a razão como critério de conhecimento e a lógica formal como sustentáculo da objetividade. As dúvidas precisam ser comprovadas, testadas, sequenciadas, avaliadas. Quanto mais se disseca a parte, melhor se conhece. Progresso desenvolvimento são sinônimos de técnica avançada. A ordem gera ordem, que detém o *poder*, o poder de conhecer e o poder de ser.

O *mim* mesmo, o *eu*, o *sou* são reduzidos ao *penso.* Somente conheço quando *penso.* Conheço com o intelecto, com a razão, não com os sentimentos. Conheço minha exterioridade e nela construo meu mundo, um mundo sem *mim*, um mundo que são *eles*, porém não sou *eu*, nem somos *nós.* A razão alimenta-se até exaurir-se de objetividades. Quando nada mais resta, tenta lançar mão da subjetividade, porém, ela não é alimento adequado, porque adormecida, porque entorpecida.

O beijo que tenta despertar a subjetividade adormecida acontece com a criação de algumas ciências (tais como a psicologia — início do século XX — construída a partir dos critérios clássicos da objetividade). Sucedem-se as tentativas, porém os produtos acabam sendo artes sem alma, psicologias sem espírito, religiões sem Deus, e ciências sem homem.

Com isso um novo caos se anuncia, um desejo inconsciente de volta ao *matriarcado*, ao aspecto indiscriminado da subjetividade, uma negação à possibilidade de "alteridade"[7] — a polaridade ciência/existência se radicaliza. Há pouco mais de meio século estamos vivendo esse impasse, porém a superação dessa dicotomia já se

---

6. Novamente recorro a Jung e aos ciclos por ele propostos, em que o patriarcado sucederia o matriarcado e precederia um outro, que seguidores seus dominam alteridade.

7. Na linguagem junguiana a *alteridade* sucederia o patriarcado. Nele encontraríamos indicações de patriarcado e matriarcado, numa dimensão de totalidade, construídas a partir de um processo de individuação.

anuncia como possibilidade em alguns segmentos das novas ciências.

Começa a aparecer uma epistemologia da "alteridade", em que razão e sentimento se harmonizem, em que objetividade e subjetividade se complementem, em que corpo e intelecto convivam, em que *ser* e *estar* coabitem, em que *tempo* e *espaço* se intersubjetivem.

Alguns equívocos teóricos permanecem, embora parcialmente clarificados pela evolução de certas teorias totalizantes, entre elas por exemplo: uma dialética que se fundamenta no concreto, uma fenomenologia que avança para o espírito, e uma psicologia que busca a transcendência. Na medida em que essas proposições teóricas avançam, mais explícitas vão se tornando as hipóteses teóricas da interdisciplinaridade.

Assumir a contradição ciência/existência nos remete também a elucidar outras dicotomias dela decorrentes, elucidação que acreditamos possível a partir de uma releitura dos primeiros estudiosos das questões da interdisciplinaridade nessas três últimas décadas, organizando e sistematizando as principais conclusões obtidas, tentando apreender delas o movimento próprio vivido pela interdisciplinaridade.

Esse movimento, se quisermos fracioná-lo para fins didáticos, poderia ser subdividido em três décadas: 1970, 1980 e 1990. Se optamos por um recorte epistemológico, diríamos, reduzida e simplificadamente, o seguinte: em *1970* partimos para uma *construção epistemológica da interdisciplinaridade*. Em *1980* partimos para a *explicitação das contradições epistemológicas decorrentes dessa construção* e em *1990* estamos *tentando construir uma nova epistemologia, a própria da interdisciplinaridade*.

Entretanto, esse mesmo movimento poderia adquirir, quando olhado pela óptica das influências disciplinares recebidas, o seguinte perfil:

1970 — em busca de uma explicitação filosófica;

1980 — em busca de uma diretriz sociológica;

1990 — em busca de um projeto antropológico.

Uma terceira tentativa de organização teórica no movimento da interdisciplinaridade nas três últimas décadas nos indicaria que em:

1970 — procurávamos uma definição de interdisciplinaridade;

1980 — tentávamos explicitar um método para a interdisciplinaridade;

1990 — estamos partindo para a construção de uma teoria da interdisciplinaridade.

O movimento da interdisciplinaridade na década de 1970

A década de 1970, época em que iniciei minhas pesquisas sobre o tema interdisciplinaridade, poderia ser grosseiramente indicada como a década da estruturação conceitual básica. Nela a preocupação incidia fundamentalmente na *explicitação terminológica*. A necessidade de conceituar, de explicitar fazia-se presente por vários motivos: interdisciplinaridade era uma palavra difícil de ser pronunciada e, mais ainda, de ser decifrada. Certamente que antes de ser decifrada precisava ser traduzida[8] e se não se chegava a um acordo sobre a forma correta de escrita, menor acordo havia sobre o significado e a repercussão dessa palavra que ao surgir anunciava a necessidade de construção de um novo paradigma de ciência, de conhecimento, e a elaboração de um novo projeto de educação, de escola e de vida.

O movimento da interdisciplinaridade surge na Europa, principalmente na França e na Itália, em meados da década de 1960 (causa ou consequência, não é o caso de aqui se discutir o lado mais importante da questão, acreditamos que ambos), época em que se insurgem os movimentos estudantis, reivindicando um novo estatuto de universidade e de escola.

Aparece, inicialmente, como tentativa de elucidação e de classificação temática das propostas educacionais que começavam a aparecer na época, evidenciando-se, através do compromisso de alguns professores em certas universidades, que buscavam, a duras penas, o *rompimento a uma educação por migalhas*.

---

8. No Brasil a palavra aparece assim traduzida: *interdisciplinaridade* (do francês ou do inglês), ou *interdisciplinariedade* (do espanhol).

Esse posicionamento nasceu como oposição a todo o conhecimento que privilegiava o capitalismo epistemológico de certas ciências, como oposição à alienação da Academia às questões da cotidianeidade, às organizações curriculares que evidenciavam a excessiva especialização e a toda e qualquer proposta de conhecimento que incitava o olhar do aluno numa única, restrita e limitada direção, a uma *patologia do saber*.[9]

O destino da ciência multipartida seria a falência do conhecimento, pois na medida em que nos distanciássemos de um conhecimento em totalidade, estaríamos decretando a falência do humano, a *agonia de nossa civilização*.[10]

Toda essa discussão teórica da década de 1970, a respeito do papel humanista do conhecimento e da ciência, acabou por encaminhar as primeiras discussões sobre a interdisciplinaridade de que temos notícia. A categoria mobilizadora dessas discussões sobre interdisciplinaridade na década de 1970 foi *totalidade*.

A *totalidade* como categoria de reflexão foi o tema por excelência de um dos principais precursores do movimento em prol da interdisciplinaridade: Georges Gusdorf.

Gusdorf apresentou em 1961 à Unesco um projeto de pesquisa interdisciplinar para as ciências humanas – a ideia central do projeto seria reunir um grupo de cientistas de notório saber para realizar um projeto de pesquisa interdisciplinar nas ciências humanas. A intenção desse projeto seria orientar as ciências humanas para a *convergência*, trabalhar pela unidade humana. Dizia ele que apesar de essa unidade ser um "estado de espírito", poderia ser presenciada nos momentos de pesquisa.[11] Então, por que não estudá-lo?

O projeto de Gusdorf previa a diminuição da distância teórica entre as ciências humanas. Essa ideia foi retomada em outras diretrizes por um grupo patrocinado pela Unesco, cujo trabalho foi publica-

---

9. Expressão utilizada por H. Japiassú em *Interdisciplinaridade e patologia do saber*, 1976.
10. Título de trabalho escrito por Georges Gusdorf, publicado em 1978.
11. Esse estudo ou projeto foi publicado em 1967, pela Universidade de Estrasburgo. Intitula-se *Les sciences de l'homme sont des sciences humaines*.

do em 1968. Dele fizeram parte estudiosos das principais universidades europeias e americanas, em diferentes áreas do conhecimento. A hipótese de trabalho desse grupo era indicar as principais tendências da pesquisa nas ciências do homem, no sentido de sistematizar a metodologia e os enfoques das pesquisas realizadas pelos pesquisadores em exercício no ano de 1964.

Com esse estudo, a pretensão seria o levantamento de questões para a construção das ciências do amanhã, no dizer de Levi Strauss ou conforme o que dizia Piaget na ocasião: das ciências em movimento, em ação, aquelas que realmente se exerciam.[12]

Analisando hoje as entrelinhas desse estudo, após quase 30 anos de sua publicação, encontramos hipóteses e orientações de trabalho para as ciências humanas que apenas hoje começam a ser esboçadas:

— a proposição do estudo da arte numa dimensão antropológica nos induz hoje a refletir sobre a superação da dicotomia ciência e arte.

— a indicação da necessidade de estudar-se antropologicamente as matemáticas nos induz hoje a refletir sobre a dicotomia cultura e ciência.

— a ideia de estudar aspectos não tecnológicos das proposições técnicas nos reforça atualmente a importância do embate objetividade/subjetividade.

— os resultados dos estudos da cibernética no desenvolvimento da neurofisiologia e da psicologia nos conduzem hoje à superação da dicotomia percepção/sensação.

— estudos de geografia humana para o desenvolvimento da antropologia nos convidam a investigar a superação da dicotomia espaço/tempo.

---

12. Publicado por Mouton/Unesco em francês e inglês, recebe o nome: *Les sciences sociales — Problèmes et orientations*.

Paralelamente a esses estudos da Unesco, em Louvain, 1967, encontramos a realização de um colóquio, cuja finalidade era refletir sobre o estatuto epistemológico da *teologia*. Esse exercício acabou por indicar dificuldades e explicitar caminhos para a interdisciplinaridade, a partir de um problema proposto: a necessidade de pesquisar as relações Igreja/mundo. Dele fizeram parte futuros teóricos da interdisciplinaridade, tais como: Houtart, Tödt, Ladrière, Palmade que se dispuseram a definir o *sentido* da reflexão, os *métodos* convenientes e os meios necessários à execução do referido projeto. A partir do exercício de um diálogo ecumênico procurou-se, por exemplo, tentar identificar os impasses advindos do ato de dialogar, do quão difícil seria poder dizer e se fazer compreender pelos outros; dessa questão uma outra: se o caminho para a interdisciplinaridade não estaria determinado pelas ligações afetivas entre os colaboradores. Outras questões como papel do tempo, do espaço, valor e campo da ciência foram discussões desenvolvidas em Louvain, e que hoje constituem-se no *cerne* da polêmica sobre interdisciplinaridade. A explicitação do objeto dessa pretensa ciência denominada teologia convida-nos hoje, como na época, ao estudo de uma dicotomia maior: *ser* e *existir*. Desse trabalho, uma hipótese teórica a mais aprendemos a investigar: um dos caminhos indicados para o estudo da dicotomia *ser/existir* seria a discussão interdisciplinar sujeito humano/mundo.

Algum tempo mais tarde, 1971, instalou-se sob o patrocínio da OCDE, um comitê de *experts*, entre eles Guy Berger, Leo Apostel, Asa Brigs, Guy Michaud, com o propósito de redigir um documento que viesse contemplar os principais problemas do *ensino* e da *pesquisa nas universidades*.[13] Essa tentativa convergiu para a organização de uma nova forma de conceber universidade, na qual as barreiras entre as disciplinas poderiam ser minimizadas; nela seriam estimuladas as atividades de pesquisa coletiva e inovação no ensino.

Do ensino universitário deveria se exigir uma atitude interdisciplinar que se caracterizaria pelo respeito ao ensino organizado por

---

13. *L'interdisciplinarité: Problemes d'enseignement et de recherche dans les universités*, OCDE, 1972.

disciplinas e por uma revisão das relações existentes entre as disciplinas e entre os problemas da sociedade.

A interdisciplinaridade não seria apenas uma panaceia para assegurar a evolução das universidades, mas, um ponto de vista capaz de exercer uma reflexão aprofundada, crítica e salutar sobre o funcionamento da instituição universitária, permitindo a consolidação da autocrítica, o desenvolvimento da pesquisa e da inovação.

A proposição desse projeto partia de uma distinção conceitual entre os seguintes níveis de relação: multi, pluri, inter e transdisciplinar (a elucidação terminológica se fez nos moldes de época, em que a definição conceitual consistia no caminho indicado para uma melhor explicitação epistemológica).

Cuidou-se, por isso, da explicitação terminológica em seus mínimos detalhes e a partir desses detalhes hoje é possível elencarmos os propósitos e ganhos de um trabalho interdisciplinar.

Os propósitos elencados, como não poderiam deixar de ser, espelhavam as dificuldades enfrentadas pela crise estudantil do final dos anos 60 e confluíam para a superação da dicotomia mundo/presente, mundo/pessoal, no ensino universitário. Com isso, objetivava-se possibilitar a crítica e a compreensão dos confrontos da vida cotidiana. Outro aspecto que hoje retiramos daquelas colocações refere-se à necessidade de atermo-nos às múltiplas exigências e a uma plurivalência de informações e conhecimentos que a vida profissional exige. Assumir essa atitude pressupõe fatalmente a formação de mais e melhores pesquisadores, de novas pesquisas, de métodos próprios para toda forma de ensino, de um investimento maciço e diferenciado na capacitação e formação dos professores e na criação de modelos que permitam tornar mais claras as inter-relações e interpenetrações das ciências, fundamentalmente das humanas. Mas, como já dissemos, as indicações arroladas, embora importantíssimas, eram ainda difusas e iniciais.

Em 1977, Guy Palmade aprofundou todas essas questões anteriormente levantadas pelos teóricos da interdisciplinaridade, iniciando uma discussão que acabou, posteriormente, avolumando-se, e referia-se aos perigos de a interdisciplinaridade converter-se em ciência aplicada.[14] A evidência desse perigo conduz Palmade a insistir na importância da explicitação conceitual, dizendo que a partir da mesma os obstáculos a serem transpostos no desenvolvimento de um trabalho dessa natureza podem ser mais bem clarificados. Entre os obstáculos mais frequentes surgidos quando se trabalha nível de pluri, multi e interdisciplinaridade, o autor nos evoca para o problema dos "espíritos solitários", ansiosos por uma ordem científica a ser criada, fala-nos também do perigo de a interdisciplinaridade converter-se em "ciência das ciências", e sobretudo adverte-nos sobre os diferentes "perigos ideológicos" gestados na própria organização das ciências.

Uma revisão criteriosa de toda essa problemática levantada nas décadas de 1960 e 1970 parece-nos hoje fundamental para os que se dedicarem a exercer e investigar a interdisciplinaridade. Caso isso não ocorra, existe o perigo de ela permanecer num modismo vão e passageiro. A ambiguidade própria do caráter interdisciplinar evidenciar-se-ia hoje mais na polêmica objeto e campo das ciências, e no papel e valor do conhecimento. A dúvida conceitual ainda é quem alimenta e direciona a discussão dos projetos interdisciplinares autênticos. Assim como a interdisciplinaridade torna-se a grande responsável pelo movimento de redimensionamento teórico das ciências e pela revisão dos hábitos de pesquisa, ela poderia constituir-se naquela que propugnaria novos caminhos para a educação. Essa é uma discussão amplamente debatida nos países desenvolvidos, embora encontre-se ainda em nível profilático. Aqui no Brasil é mais atual do que nunca. De norte a sul, de leste a oeste a preocupação pela interdisciplinaridade se evidencia. É nesse sentido que nos cumpre explicitar as contradições desse caminhar.

Repercussão dos estudos sobre interdisciplinaridade no Brasil na década de 1970

O eco das discussões sobre interdisciplinaridade chega ao Brasil ao final da década de 1960 com sérias distorções, próprias daqueles que se aventuram ao novo sem reflexão, ao modismo sem medir as consequências do mesmo.

---

14. G. Palmade, *Interdisciplinarité et ideologies*, 1977.

Dois aspectos são fundamentais a serem considerados: o primeiro é o *modismo* que o vocábulo desencadeou.

Passou a ser palavra de ordem a ser empreendida na educação, aprioristicamente, sem atentar-se para os princípios, muito menos para as dificuldades de sua realização. Impensadamente tornou-se a *semente* e o *produto* das reformas educacionais empreendidas entre 1968 e 1971 (nos três graus de ensino). O segundo *aspecto* é o avanço que a reflexão sobre interdisciplinaridade passou a ter a partir dos estudos desenvolvidos na década de 1970 por brasileiros (referimo-nos ao de Hilton Japiassú que em 1976 publicou o livro *Interdisciplinaridade e patologia do saber*,[15] aos trabalhos que procurei desenvolver a partir da dissertação de mestrado, iniciada em 1976 e concluída em 1978[16] e ao de outros estudiosos brasileiros que a esses estudos vêm se dedicando).

A primeira produção significativa sobre o tema no Brasil é de H. Japiassú. Seu livro é composto por duas partes, a primeira na qual apresenta uma síntese das principais questões que envolvem a interdisciplinaridade, a segunda em que anuncia os pressupostos fundamentais para uma *metodologia interdisciplinar*.

Japiassú reviu em seu trabalho as principais *diferenciações conceituais* propostas por Michaud, Heckhausen, Piaget e Jantsch, revelando toda a ambiguidade que a controvertida questão acarretou.

A controvérsia maior se originou da impossibilidade lógica de encontrar-se uma *linguagem única* para a explicitação do conhecimento (tal, por exemplo, como a proposta pelos filósofos do Círculo de Viena). Entretanto, hoje concluímos que o exercício de elaboração conceitual, vivido na década de 1970, muito nos ajudou a estabelecer as finalidades, as destinações e os porquês dos projetos interdisciplinares. Através dessa explicitação foi possível orientarmo-nos sobre o que nos interessava investigar, do que podemos ou precisamos nos ocupar e até onde nos é possível caminhar. Hoje mais do que ontem consideramos o aspecto conceitual como fundamental na proposição de qualquer projeto autenticamente interdisciplinar.

---

15. Terceira parte de sua tese de doutoramento, defendida na França, intitulada "L'epistemologie de l'interdisciplinarité dans les sciences de l'homme".
16. *Integração e interdisciplinaridade no Ensino Brasileiro: Efetividade ou ideologia?*, 2ª ed., São Paulo, Loyola, 1992.

A segunda questão colocada por Japiassú refere-se à *metodologia interdisciplinar*, que para ele consistia fundamentalmente numa resposta a como certo projeto pode tornar-se possível, com os recursos de que se dispõe para sua realização. Todo o projeto de elaboração dessa metodologia interdisciplinar, proposta por Japiassú, cuida mais de analisar as condições de um projeto interdisciplinar para as ciências humanas, em que fosse possível estudar-se as relações e inter-relações entre as ciências de uma forma semelhante à colocada anteriormente por Gusdorf. Existem, tanto em Japiassú quanto em Gusdorf, indicações detalhadas sobre os cuidados a serem tomados na constituição de uma equipe interdisciplinar, falam da necessidade do estabelecimento de conceitos-chave para facilitar a comunicação entre os membros da equipe, dizem das exigências em se delimitar o problema ou a questão a ser desenvolvida, de repartição de tarefas e de comunicação dos resultados. São aspectos valiosíssimos que hoje verificamos como essenciais a toda tarefa interdisciplinar.

Outro aspecto dessa metodologia interdisciplinar analisado por Japiassú refere-se às conclusões chegadas por ele sobre pesquisas realizadas por R. Bastide, em instituições destinadas ao tratamento de doentes mentais. Japiassú conclui com Bastide que seus relatos acabam sendo mais de ordem *ética* do que de ordem *lógica* e que o método apreendido desses relatos consiste mais numa *reflexão sobre as experiências realizadas* e no detalhamento dos *procedimentos de realização*. A elucidação das etapas de um projeto interdisciplinar e seu consequente *registro* parece-nos, hoje, garantir a possibilidade de revisão dos aspectos vividos. Registrar a memória dos fatos é a hipótese de revisitá-los. Interdisciplinaridade nos parece hoje mais *processo* que *produto*. Nesse sentido é fundamental o acompanhamento criterioso de todos os seus momentos. Somente esse acompanhamento possibilitará chegarmos ao esboço de um movimento. A releitura sistemática desses registros permite avaliar com propriedade o desenvolvimento do processo, e avançar nos futuros prognósticos.

Japiassú, em seu estudo, coloca como condição para efetivação dessa metodologia interdisciplinar uma nova espécie de *cientista*, o interdisciplinar. Esse tipo especial de profissional exige uma forma própria de capacitação, aquela que o torne participante do nascimento de uma "nova consciência" e de uma nova pedagogia, a baseada na comunicação; para tanto prevê instituições preparadas para essa forma diferenciada de capacitação docente. Algumas críticas esparsas foram feitas a Japiassú na época. Críticas à sua proposta metodológica. Hoje, com o desenvolvimento de nossa pesquisa sobre interdisciplinaridade, verificamos o quanto suas conclusões eram procedentes. Nossa pesquisa indica-nos o valor dos *registros* das situações vividas num trabalho interdisciplinar. Eles propiciam a indicação dos aspectos de êxito e fracasso em trabalhos dessa natureza. O registro hoje nos parece, portanto, um dos pressupostos básicos para a realização de um trabalho interdisciplinar.

O outro trabalho que aparece no Brasil na década de 1970 foi por mim desenvolvido como pesquisa de mestrado. Surgiu a partir dos estudos de Japiassú e de outros que vinham sendo realizados sobre interdisciplinaridade na Europa. Permaneci, nesse primeiro estudo, mais no trato dos aspectos relativos à conceituação do que à metodologia. A tarefa a que me dispus investigar foi uma análise das proposições sobre interdisciplinaridade à época das reformas de ensino no Brasil. Após levantar toda a bibliografia da área naquele momento (1973), procedi a uma ampla visita à Legislação do Ensino, constatando o descaso, a falta de critério, de informações e perspectivas que subsidiavam a implementação do projeto reformista da educação na década de 1970. A análise apontou para um caos generalizado, a partir do caos conceitual que se instaurou.

A alienação e o descompasso no trato das questões mais iniciais e primordiais da interdisciplinaridade provocaram não apenas o desinteresse, por parte dos educadores da época, em compreender a grandiosidade de uma proposta interdisciplinar, como contribuiu para o empobrecimento do conhecimento escolar. O barateamento das questões do conhecimento no projeto educacional brasileiro da década de 1970 conduziu a um esfacelamento da escola e das disciplinas. À pobreza teórica e conceitual agregaram-se outras tantas que somadas condenaram a educação a 20 anos de estagnação.[17]

---

17. A discussão desses aspectos pode ser analisada no livro *Integração e interdisciplinaridade* (*op. cit.*). Dando continuidade a esse estudo um outro a mais foi desenvolvido: *Anotações sobre metodologia e prática de ensino na escola de 1º grau*, 3ª ed., São Paulo, Loyola, 1989.

O movimento da interdisciplinaridade na década de 1980

O esforço empreendido na década de 1970 revelou que os pressupostos de uma epistemologia convencional não conduziriam ao avanço da compreensão das implicações teóricas da interdisciplinaridade. Não se trata mais de adotar uma posição fechada pela utilização de aspectos ou níveis de uma mesma variável. No caso da *educação*, por exemplo, não é mais possível analisarmos a viabilidade do desenvolvimento de um projeto interdisciplinar sem analisá-lo na interdependência de outras variáveis que dela dependem. Na medida em que tentarmos restringir o estudo da ação interdisciplinar à esfera apenas da *educação*, estaremos comprometendo a análise da interdisciplinaridade ao campo de ciência aplicada. O que com isso queremos dizer é que o trato das questões interdisciplinares tem que partir do confronto entre as possibilidades que a educação aventa como possíveis e as outras impossibilidades que as colocariam numa categoria diferenciada de ciência. Nesse sentido não é possível partir-se de um quadro teórico já organizado para procedermos a uma análise que avance e redimensione as práticas escolares, no sentido da interdisciplinaridade. É necessário que esse quadro teórico seja construído na medida em que o objeto a ser analisado – o educacional – assim o exigir.

O movimento da história da ciência na década de 1980 foi um movimento que caminhou na busca de epistemologias que explicitassem o teórico, o abstrato, a partir do prático, do real. Muitas foram as contribuições nesse sentido, entretanto, um dos documentos mais importantes surgido na década de 1980, sobre essas questões, intitula-se *Interdisciplinaridade e ciências humanas* (1983), elaborado por Gusdorf, Apostel, Bottomore, Dufrenne, Mommsen, Morin, Palmarini, Smirnov e Ui.

O documento trata dos pontos de encontro e cooperação das disciplinas que formam as ciências humanas e da influência que umas exercem sobre as outras, seja do ponto de vista histórico, seja do filosófico. São analisados os problemas e os campos de estudo mais significativos, além de mostrar certas relações existentes entre as ciências naturais e as humanas. Esse documento nos acrescenta conclusões importantes acerca da natureza e alcance da interdisciplinaridade.

Assim, por exemplo, Gusdorf nos alerta para o fato presente de não haver uma corrente filosófica capaz de proporcionar uma forma unificada de conhecimento, que seja conveniente e aceitável para muitos; para ele a própria filosofia da ciência moderna nos redireciona para a interdisciplinaridade.

Smirnov, por sua vez, diz que a interdisciplinaridade tende a converter-se em dado teórico dos mais importantes na medida em que permite esclarecer as relações entre desenvolvimento e progresso social.

Apostel indica que o aparecimento de certos marcos metodológicos, tais como a teoria dos jogos e a análise linguística, permite sua aplicação a disciplinas distintas.

Mircea Eliade (sobre o estudo da religião) e Mikel Dufrenne (sobre o estudo da arte) nos advertem sobre a importância de o homem ampliar a sua potencialidade para outros campos do conhecimento que não apenas o racional. A falência do homem de razão impele o homem a uma dimensão de perceber-se em sua dimensão de maior interioridade.

Os mais significativos avanços desse grupo em relação à interdisciplinaridade poderiam ser assim sintetizados:

— a atitude interdisciplinar não seria apenas resultado de uma simples *síntese*, mas de sínteses imaginativas e audazes.

— interdisciplinaridade não é categoria de conhecimento, mas de ação.

— a interdisciplinaridade nos conduz a um exercício de conhecimento: o perguntar e o duvidar.

— entre as disciplinas e a interdisciplinaridade existe uma diferença de categoria.

— interdisciplinaridade é a arte do tecido que nunca deixa ocorrer o divórcio entre seus elementos, entretanto, de um tecido bem trançado e flexível.

— a interdisciplinaridade se desenvolve a partir do desenvolvimento das próprias disciplinas.

Alguns desses avanços apontados no início dos anos 80 possibilitaram o encaminhamento das pesquisas que orientamos e que aqui nos propomos analisar. Entre as inúmeras dicotomias que precisaram ser enfrentadas, citamos estas que aprendemos a ler nos documentos dos pesquisadores da década de 1980: teoria/prática, verdade/erro, certeza/dúvida, processo/produto, real/simbólico, ciência/arte. Essas dicotomias então anunciadas constituíram-se no nosso objeto de reflexão e pesquisa. Orientaram todo o processo de investigação por nós empreendido. (Estamos nesse momento continuando esta discussão, analisando a bibliografia produzida na Itália e nos Estados Unidos sobre a interdisciplinaridade, bem como as últimas publicações da OCDE.)

Repercussão dos estudos sobre interdisciplinaridade no Brasil

A década de 1980 foi marcada pela necessidade da explicitação dos equívocos surgidos a partir das dicotomias enunciadas nos anos 70.

Palmade, em *Interdisciplinaridade e ideologias,* já nos havia alertado para alguns problemas a que o modismo interdisciplinaridade estaria sujeito. Entre eles, a questão ideológica particularmente preocupava-me, por isso decidi enfrentá-la a partir de uma viagem aos subterrâneos da ação estatal brasileira, na época das reformas educacionais dos anos 60. Verifiquei, então, como a questão da interdisciplinaridade foi sendo introduzida nas diferentes esferas do poder constituído. As contradições foram se explicitando a partir da análise do quadro político da época, no trabalho que intitulei *Educação no Brasil anos 60 – o pacto do silêncio* (1985).

Entre os principais mecanismos ideológicos de manutenção do poder, por mim analisados, deparei-me com esferas do saber e do agir totalmente ignoradas pelos educadores da época. Uma visita às decisões dos poderes Legislativo e Executivo esclareceu-me sobre o quadro de "conveniências", no qual a educação para a interdisciplinaridade foi gestada. Analisei como foram gradativamente caladas as vozes dos educadores, dos alunos, e o processo de entorpecimento pelo qual passaram as consciências esclarecidas, analisei também a mudez da imprensa e o conluio desonesto na articulação das propostas educacionais.

Em nome da interdisciplinaridade, todo o projeto de uma educação para a cidadania foi alterado, os direitos do aluno/cidadão foram cassados, através da cassação aos ideais educacionais mais nobremente construídos. Em nome de uma integração, esvaziaram-se os cérebros das universidades, as bibliotecas, as pesquisas, enfim, toda a educação. Foi *tempo de silêncio*, iniciado no final dos anos 50, que percorreu toda a década de 1960 e a de 1970. Somente a partir de 1980 as vozes dos educadores voltaram a ser pronunciadas. A interdisciplinaridade encontrou na ideologia manipuladora do Estado seu promotor maior. Entorpecido pelo perfume desse modismo estrangeiro, o educador se omitiu e nessa omissão perdeu aspectos de sua identidade pessoal.

Essa perda gradativa de identidade registrada nas décadas de 1960 e 1970 causou danos irreparáveis a curto prazo. Entretanto, tal como Fênix, o educador dos anos 80 renasceu das cinzas, em busca de seu passado de glórias e de sua afirmação como profissional.

Foi uma história de muita luta, de muita garra aquela que me aventurei registrar em minhas próximas pesquisas – a história de alguns professores portadores de uma atitude diferenciada – a interdisciplinar, em busca de sua identidade perdida.

Essa história foi descrita em dois momentos sucessivos de pesquisa – (1987 a 1989) e (1989 a 1991).[18] No primeiro biênio, procurei, por meio de uma observação criteriosa e continuada do

---

18. Cf. indicação na bibliografia.

cotidiano desses professores, registrar todos os aspectos que caracterizei como relevantes, além de investigar as opiniões de seus alunos e a deles próprios sobre o seu trabalho. Com isso consegui traçar um perfil do professor portador de uma atitude interdisciplinar em todas as suas afirmações e negações e nas mais diferentes perspectivas.

Os dados desses dois primeiros anos de pesquisa revelaram-me que o professor interdisciplinar traz em si um gosto especial por *conhecer* e *pesquisar*, possui um grau de *comprometimento diferenciado para com seus alunos, ousa novas técnicas e procedimentos de ensino*, porém, antes, analisa-os e dosa-os convenientemente. Esse professor é alguém que está sempre envolvido com seu trabalho, em cada um de seus atos. Competência, envolvimento, compromisso marcam o itinerário desse profissional que luta por uma educação melhor. Entretanto, defronta-se com sérios obstáculos de ordem institucional no seu cotidiano. Apesar do seu empenho pessoal e do sucesso junto aos alunos, trabalha muito, e seu trabalho acaba por incomodar os que têm a acomodação por propósito. Em todos os professores portadores de uma atitude interdisciplinar encontramos a marca da *resistência* que os impele a lutar contra a acomodação, embora em vários momentos pensem em desistir da luta. Duas dicotomias marcam suas histórias de vida: *luta/resistência* e *solidão/desejo de encontro*.

Nos dois anos seguintes – 1990 e 1991 – decidi partir para o enfrentamento dessas dicotomias explicitadas num projeto de capacitação docente para a rede pública. As formas convencionais de capacitação docente não me satisfaziam. Decidi, então, construir e pesquisar um projeto diferenciado de capacitação docente para os professores da rede pública do estado de São Paulo em seus cursos de especialização, formação e aperfeiçoamento do magistério. O projeto que desenvolvi visou a construção de uma metodologia de trabalho interdisciplinar. Nela o principal objetivo foi levar o professor a perceber-se sujeito de sua própria ação, revelando aspectos de si mesmo que até a ele próprio eram desconhecidos. O processo de conscientização dessa abordagem interdisciplinar de investigação supôs uma gradativa ampliação da consciência pessoal dos professores, sujeitos da pesquisa. Foi um projeto que demandou muita *espera* e *cautela*. Espera e cautela às quais não estávamos preparados, nem os meus sujeitos nem eu mesma.

O processo iniciou-se com um resgate lento da memória das situações vivenciadas em sala de aula. Esse resgate de memória foi sendo aos poucos registrado e analisado. Princípios dessa prática vivenciada foram sendo identificados. Da análise desses princípios, nasceu a possibilidade de esclarecimentos sobre os obstáculos mais significativos e suas formas de superação. O mesmo exercício de observação, registro e análise repetiu-se sobre os fatos vividos na escola – outras contradições puderam ser então analisadas. Somente assim foi possível partir-se para o levantamento das perspectivas que a atitude interdisciplinar pode determinar. Passei, então, com esses professores, a construir uma proposta curricular interdisciplinar para toda a rede de ensino. Infelizmente, fui impedida de acompanhar a sequência dos acontecimentos, mas, até onde pude avaliar, os ganhos foram extremamente compensadores.

Na medida em que essas duas pesquisas junto aos professores da rede pública se desenvolviam, fui percebendo a riqueza e a beleza de algumas práticas intuitivamente vivenciadas por nossos professores. Continham, como analisei depois, propostas emergentes de uma teorização interdisciplinar para a educação. Percebi também o quanto se empobrecem as práticas intuitivas quando abandonadas à sua própria sorte. Muitas se anulam ao permanecer no senso comum, e muitas vezes são ignoradas no que têm de mais belo, até mesmo pelos professores que as praticam.

A partir dessa constatação, dediquei grande parte da década de 1980 a anunciar o quanto seria importante o registro dessas práticas. Esse anúncio redundou na organização de várias coletâneas, em que procurei sistematizar:

— práticas de professores do 1º grau, em *Anotações sobre metodologia e prática de ensino na escola de 1º grau* (1983).

32

— práticas de professores da pré-escola em *Tá pronto, Seu lobo? Didática prática na pré-escola* (1987).

— práticas de professores da Escola Normal em *Uma casa chamada magistério* (1987).

— práticas de professores do Ensino Superior em *Encontros e desencontros da didática e da prática de ensino* (1988).

— práticas de pesquisadores da didática em *Um desafio para a didática* (1988).

— práticas de pesquisadores da Educação em *Metodologia da pesquisa educacional* (1989) e *Novos enfoques da pesquisa educacional* (1992).

— práticas em perceber-se interdisciplinar – *Práticas interdisciplinares na escola* (1991).

Do registro e da análise dessas práticas, descritas na década de 1980, o enfrentamento de uma das principais dicotomias a serem superadas pela interdisciplinaridade: a dicotomia teoria/prática. Acredito que ela pôde ser mais bem enfrentada pelo cuidado com que seus autores se dispuseram a descrevê-las e analisá-las.

O movimento da interdisciplinaridade no Brasil no início dos anos 90

Os anos 90 representam o ápice da contradição para estudos e pesquisas sobre interdisciplinaridade por mim desenvolvidos.

A contradição maior encontrei na proliferação indiscriminada das práticas intuitivas, pois os educadores perceberam que não é mais possível dissimular o fato de a interdisciplinaridade constituir-se na exigência primordial da proposta atual de conhecimento e de educação. A revisão contemporânea do conceito de ciência orienta-nos para a exigência de uma nova consciência, que não se apoia apenas na objetividade, mas que assume a subjetividade em todas as suas contradições.

A partir da constatação de que a condição da ciência não está no *acerto*, mas no *erro*, passou-se a exercer e a viver a interdisciplinaridade das mais inusitadas formas.

O número de projetos educacionais que se intitulam interdisciplinares vem aumentando no Brasil, numa progressão geométrica, seja em instituições públicas ou privadas, em nível de escola ou de sistema de ensino. Surgem da intuição ou da moda, sem lei, sem regras, sem intenções explícitas, apoiando-se numa literatura provisoriamente difundida.

Em nome da interdisciplinaridade abandonam-se e condenam-se rotinas consagradas, criam-se *slogans*, apelidos, hipóteses de trabalho, muitas vezes improvisados e impensados. Em nome dessa falta de orientação generalizada é que tenho dedicado meus estudos e minhas pesquisas, no sentido de elucidar posicionamentos. Entre os caminhos escolhidos, um dos mais importantes tem sido a coordenação de um *Núcleo de Estudos e Pesquisas*, composto de mestrandos e doutorandos da PUC/São Paulo. Desde 1987, época em que foi criado, já produzimos quase 30 pesquisas, sendo que outras tantas estão sendo concluídas.

As referidas pesquisas buscaram explicitar o caminho percorrido em práticas interdisciplinares intuitivas, tentando retirar delas os princípios teóricos fundamentais para o exercício de uma prática docente interdisciplinar.

As outras tantas pesquisas que vêm sendo desenvolvidas pelo grupo de meus orientandos da pós-graduação abordam uma temática variada, tão variada quanto a história de cada pesquisador que ousou registrá-la e analisá-la; entretanto, em todas elas, há a *marca* de uma prática interdisciplinarmente vivenciada. Aspectos como alfabetização, pré-escola, formação de professores para o 1º, 2º e 3º graus, a questão dos conteúdos específicos, a arte, a estética, a ética, a educação do corpo, dos sentidos, da memória são, entre outros, temas que o grupo de estudos desenvolve, vem discutindo e socializando de norte a sul do Brasil. Não temos conhecimento de outras experiências similares à nossa, mas estamos esperançosos de encontrá-las em outros lugares. A nossa intenção ao apresentá-las, neste livro, além de socializá-las é a de obter promissoras contribuições que nos permitam questionar e avançar em nossa proposta.

A década de 1990 marca para mim e para o grupo que coordeno a possibilidade de explicitação de um projeto antropológico de educação, o interdisciplinar, em suas principais contradições.

2
A CONSTRUÇÃO INTERDISCIPLINAR A PARTIR DA RELAÇÃO PROFESSOR/ALUNO*

Apenas as pontas de alguns *icebergs* serão apresentadas nesta prova. Especialmente porque para mim são pontas que merecem ser mais bem exploradas. Há que se dizer, entretanto, que não são olhadas casuais.

Se para percebê-las houve o consenso da intuição, não que isso possa ser desconsiderado, o fato de que para chegar a elas vivi um processo que foi subsidiado de muito estudo teórico e de muita prática.

A imagem dos *icebergs*, de que me utilizo, eu justifico: trata-se esta prova de concurso para professor livre-docente. Quero estruturá-la em três segmentos: o primeiro em que pontuo elementos conceituais por meio de algumas referências *históricas*; o segundo, em que questiono elementos da realidade, e o terceiro, em que, a partir dos anteriores, quero explorar possibilidades ou, ao menos, esboçar perspectivas.

---

* Texto elaborado para a prova escrita do concurso de livre-docência — Unesp-Botucatu, 1991.

Desta forma, concebo esta situação em que, pretendendo a livre-docência, devo me posicionar com relação à teoria, à prática e às perspectivas que, sempre na imbricação das duas anteriores, possam representar o anúncio de uma nova perspectiva que, particularmente, acredito deva um candidato à livre-docência contemplar.

É nesse sentido que me permito pela primeira vez discorrer sobre algo que estudei por quatro anos consecutivos, e que entretanto ainda não houvera tido a coragem de tornar público — a dimensão teórico/crítica de uma postura que se aproxima daquela definida como analítica, dentro da psicologia — a posição de Jung e seus seguidores diante da questão das relações interpessoais, vendo nelas uma possibilidade de rever posturas tradicionais que estudam o professor e o aluno no processo de ensino/aprendizagem.

Pontuando componentes conceituais através de algumas referências históricas

A relação mais antiga referente ao tema em questão me sugere uma volta à velha Grécia, mais especificamente, à *Paideia* e, com ela, a possibilidade de revermos uma situação: a de *preceptor* e *discípulo*. O *preceptor*, se bem me recordo de alguns fragmentos descritos por Jaëger (há tantos anos lido e não retomado na atualidade pelos estudiosos da educação), é aquele que ajuda o discípulo a fazer uma leitura das coisas próprias do conhecimento em geral. O discípulo é aquele que gradativamente é indicado a ampliar essa leitura. Preceptor e discípulo trazem consigo conhecimentos próprios de *um* e de *outro*, que ampliados sintetizam uma proposta eterna e primeira da educação: Paideia — hoje posso simplificá-la ou reduzi-la a uma palavra pertencente ao meu universo atual de discurso teórico: *parceria*. Paideia é forma de *parceria* em que alguém não alfabetizado para as coisas do mundo amplia ou tem a possibilidade de ampliar seu universo próprio de leitura com alguém que viveu mais, que pôde ler mais e que se dispõe com o discípulo a inaugurar também para si o exercício da *troca*. Em troca, em *parceria*, ambos evoluem — preceptor e discípulo e com essa evolução a possibilidade de construção/produção de novos conhecimentos.

38

Embora na Paideia gradativamente encontremos uma evolução para o estabelecimento de papéis, o de *preceptor* e o de *discípulo*, uma análise mais detalhada das situações da época, podemos sugerir uma interpretação, ou ideia de uma *educação matriarcal*[1] na antiga Grécia.

Mas, esse todo, inicialmente indiscriminado, gradativamente vai se estruturando, é a mudança de *ciclo* tão estudada e discutida na psicologia analítica, e que sob a óptica da história da educação também pode ser analisada.

Não cabe aqui descermos aos detalhes dessa evolução gradativa de ciclos; para tanto reportaríamos o leitor que se interessar por um trabalho (dissertação de mestrado) desenvolvido por Ecleide Furlanetto — *A possibilidade de uma leitura simbólica na escola*, no qual a ideia de mudança de ciclo é apresentada também por uma nova concepção de espaço/tempo, já presente nas atuais discussões sobre os pressupostos da ciência — a *sincronicidade* em contraposição à *diacronicidade*. O que Ecleide quer dizer é que de um *todo indiscriminado* passamos a um *todo estruturado* — não numa direção sequencial, pois os ciclos se alternam. Entramos então com Descartes e seus seguidores num ciclo que os psicólogos analíticos denominariam *patriarcado*.[2] Inaugura-se com o *Discurso do método*, então, o império da *objetividade* que alimenta a racionalidade da qual ainda somos filhos como "Academia" — determinando o conceito de *professor* (quem ensina a), *ideia de escola* (local onde se aprende) e o conceito de *aluno* (quem aprende), ideia essa que vai gradativamente adquirindo contornos próprios tão rígidos, aprimorados por todo o século XIX e ainda vigorando como verdadeiros ao final mesmo deste século XX.

---

1. Ciclo ou fase matriarcal, também denominada por urobórica, é estágio inicial, indiscriminado em que a psique da mãe e da criança formam um *todo*. Surge da união *self*/corpo/natureza/outro — descrição feita a partir das leituras de Eric Neumann, *The child*, Nova York, 1973, e Michael Fordham *in Children as individuals*, Londres, H. and Stoughton, 1969.
2. Em Neumann e Fordham entendemos que esse é o ciclo caracterizado por uma maior distância entre o ego e o *self*. Existem aqui o *certo* e o *errado*, o *permitido* e o *não permitido*. O ruim é sempre ruim e o bom é sempre bom nos diz também Suely Moreira em dissertação de mestrado orientada por nós, agora publicada em livro: *Da clínica à sala de aula*, São Paulo, Loyola, 1989.

O império do patriarcado, da objetividade é tão poderoso que consegue até sobrepor-se a uma nova *polaridade* surgida em finais do século XVIII com Rousseau — da necessidade de exercer-se a subjetividade.

Inaugurada por Rousseau, essa que ousaríamos chamar "pesquisa da subjetividade" é desenvolvida ao final do século XIX e início do século XX por Decroly, Montessori, Claparéde, Freinet, entre outros, e a denominamos posteriormente por Movimento da Escola Nova. Revisitando Montessori, por exemplo,[3] encontramos a busca de uma *pedagogia científica*, mas de um científico que objetivava a *educação dos sentidos*, portanto, da subjetividade. Partia de elementos da filosofia e da psicologia, porém, aplicando-as à vida pessoal, inalienável, particular, subjetiva da criança. Montessori pesquisa elementos decisivos na descoberta da liberdade ativa da criança e no desenvolvimento da espontaneidade infantil. Uma parada atenta em Decroly nos induz à observação da criança sem uma ideia preconcebida, a fim de que seja possível descobrir-se novos aspectos de tudo o que a vida *concreta, cotidiana* apresenta. Decroly parte de um global, de um indiferenciado, de um *urobórico* para chegar-se a *sínteses* que não se finalizam sem si próprias, mas que se aproximaram do que os gregos denominavam *syntese* (com y) — daquelas que nunca se fecham em verdades absolutas.

É com Montessori que a *ideia* de *ensino* se altera. Em contraposição ao imobilismo, decreta a busca da autonomia — o *aluno* é quem verdadeiramente *conduz* o processo do conhecimento. Ao professor cabe a atitude da *espera* — *a lição do silêncio*. Montessori preconizava a exploração livre de um material *objetivamente* elaborado, porém *subjetivamente* pesquisado, tendo em vista a produção do conhecimento. *Ensinar* volta a ter, com Montessori, a mesma conotação encontrada no *léxico* comum, de que *ensinar é aprender*, porque ensinar é *sobretudo pesquisar*, e por isso é também construir, é aprender.

---

3. Ideias extraídas do texto/verbete escrito por Jean Piaget para a *Enciclopedie Française*, volume XV — Education et instruction, segunda parte.

40

Ainda de Decroly retiramos a ideia fundamental de que só é *possível* viver a filosofia por ele inaugurada para aqueles professores considerados *bons* — pois pela ausência de *regras* iniciais cabe ao professor, antes de mais nada, haver adquirido uma considerável leitura *de vida e de mundo*, pois aprender é, inicialmente, aprender em relação à própria vida. Com ele, o *gosto* da *pesquisa* (que nasce na relação preceptor/discípulo), o espírito daquele que se dispõe a trabalhar, a criar, a ousar, a construir. O aluno da escola Decroly adquire nesse *processo* uma admirável disciplina de trabalho, aprende o valor dos conhecimentos necessários, o valor da pesquisa e da documentação. Guarda da escola e do mestre o *sabor* do *saber* e permanece um perpétuo estudante. É, segundo Piaget, já citado, "aquele que não se apressa em virar a página, mas aquele que se demora nela".

O movimento não de oposição ao patriarcado, mas do início de uma *alteridade*,[4] *iniciado em Rousseau e prosseguido nos precursores da Escola Nova, é interrompido pela força do ciclo patriarcal, que é mais forte*, e precisa eclodir a qualquer preço. A passagem do *urobórico* à *alteridade*, sem a permanência no patriarcado, como a história mesma comprova, foi *privilégio de poucos* e esses *poucos* porque *solitários* foram *excluídos*. Assim que no Brasil, o que nos chegou do *Movimento da Escola Nova* foi ou o aspecto patriarcal que ela contemplava dos recursos, dos materiais, das técnicas ou o *indiscriminado*, o *urobórico*, o *non sense* que a leitura de muitos (dos que não chegaram a ler os textos desses mestres em sua devida intencionalidade) apenas permitiu.

Hoje, final do século XX, assistimos perplexos à mudança de ciclo do patriarcado para a alteridade. Essa mudança se faz sentir em campos em que a objetividade (por paradoxal que possa parecer) se fez mais presente, como o da física, por exemplo, incorporando o espírito do paradigma *emergente de ciência* — o que alguns denominam de pós-moderno, como Boaventura de Sousa Santos e Lyotard, onde outros como Japiassú, em *As paixões da ciência*, denominam

---

4. Denominação dada por C. Byington ao estágio evolutivo por patriarcal. Nela são ativados os arquétipos animus e anima; arquétipos do inconsciente coletivo. É o ciclo que instaura a *reciprocidade*, a relação dialética entre sujeito e objeto, eu e o outro, a busca da identidade profunda, o confronto com a sombra, com os opostos.

apenas ciência, aquela na qual o *erro* é condição da *verdade*; ou em que outros como Popper identificam como ciência do conhecimento provisório, ou mesmo Bachelard, como ciência em permanente processo de retificação.

O que está presente nesse novo ciclo ou paradigma de *alteridade* é que a objetividade científica ou verdade reside única e exclusivamente no trabalho de crítica recíproca dos pesquisadores, resultado de uma permanente construção e conquista, de uma teoria que se coloca permanentemente em estado de risco, na qual a regra fundamental metodológica consiste, como diz Japiassú, na *imprudência* de fazer do *erro* uma condição essencial para a obtenção da verdade.

Questionando elementos da realidade

Ao final do século XX, portanto, todos os indicadores marcam essa mudança de ciclo — Einstein, Boher, os filósofos da ciência. Outros indicadores dessa mudança de ciclo — a intensificação dos grupos interdisciplinares — nova forma de pensar, nova concepção de ensino, nova concepção de escola — passagem da forma *disciplinar* para a *interdisciplinar*, e isso, no dizer de Jung, acontecendo *sincronicamente*, em diferentes partes do mundo, e em diferentes "ditas especializações".

A palavra de ordem deste final de século é *interdisciplinaridade* na educação.

Passa-se, na escola, a denunciar concepções unilaterais de educação. Mas essa denúncia já começa a se fazer *anúncio* — ainda em poucos, em muito poucos educadores, somente naqueles nos quais o ciclo da alteridade já se instalou como processo. Muitos já *falam* na mudança, chegam até a vislumbrar a *possibilidade* dela, *porém*, conservam na sua forma própria de *ser* educador, de ser pesquisador, de dar aulas um patriarcado que *enquadra*, que *rotula*, que *modula*, que cerceia, que limita. Poucos são os que se aventuram a *viver alteridade*, porque é caro o preço que se paga pela mudança de *ciclo*. É preciso ser nisso um pouco de Fênix, morrer para renascer das cinzas; e morrer é assumir a consciência da ruptura, e a ideia de morte traz em si mesma uma ideia de finitude. Ser Fênix significa ver na morte a vida, ver na *história* a *recriação*, ver nessa forma que *não é nova* (já que habitava na Grécia) o prenúncio de *alteridade*, ciclo que não se sucede ao patriarcado, mas com ele pode coexistir numa dimensão de liberdade, de totalidade.

Os *ciclos* arquetípicos não apenas coexistem, mas se alternam. Na escola de hoje convivem intencionalidades de matriarcado com normas de patriarcado. Currículos com disciplinas rígidas, cargas horárias extensas, objetivos dúbios, indiscriminados, em que convivem tanto a polaridade patriarcal, quanto o desejo de alteridade.

Na França a instituição escola se organiza a partir de 1830. No Brasil, em 1930. Vivemos, entretanto, lá e cá, nessa época, uma *fase urobórica* em educação — não sabíamos bem o que era escola, o que seria ensino —, ensaiávamos mil formas de fazer e pensar educação, sem sabermos bem por que e para que educar.

De 1940 a 1970 a instituição escola tenta se organizar: define-se currículo, conceitua-se ensino, concebe-se escola. Seria isto o anúncio de um patriarcado na educação?

Com a Lei 5.692/71, embora o anúncio fosse de alteridade, voltamos foi ao urobórico, ao indiscriminado. A pretensa rigidez das disciplinas resultou num *todo amorfo*, sem origem, sem *status*, sem destino...

Patriarcado e matriarcado alternaram planejamentos rígidos à ausência de critérios, à ausência de ética profissional, à ausência de um quem é quem e de onde se pretende ir em educação.

Na década de 1990, o anúncio de pesquisas e produções que tentam romper a permanência da polaridade matriarcado/patriarcado, as pesquisas sobre a prática de sala de aula passam a *desvelar* aspectos de uma realidade *muitas vezes vivida* porém não percebida; é o ciclo de *alteridade latente*, ainda escondido sob o manto de um urobórico ou de um patriarcado. Outras pesquisas apresentam a leitura e a releitura de teóricos clássicos, de práticos clássicos. Na *ação*, no cotidiano, todas as polaridades se alternando, se encontrando — as pesquisas têm procurado revelar isso, embora a descrição ainda seja falha e a interpretação ainda truncada. Busca-se um novo rigor — uma outra forma de rigor mais acentuado, em que da objetividade empreste a seriedade, a ordem, e da subjetividade, a emoção, a poesia.

Explorando possibilidades e esboçando perspectivas

As pesquisas sobre escola, sobre a sala de aula e nela, professores, alunos, aprendizagem, ensino passam pela empiria, pelo rigor absoluto, pelo uso de tabelas, pelas teorias encomendadas e pelas formas estereotipadas de investigar o fenômeno (patriarcado). Somente a partir da *abertura* de portas da sala de aula, a rigidez da empiria vai sendo substituída por uma outra tentativa de interpretação e de explicitação disso que não é plenamente entendível — escola — e desse objeto estranho — sala de aula.

Porém, essa interpretação, tal como nos adverte Ricoeur,[5] *precisa* sustentar-se em dois pilares não polares — subjetividade e objetividade; não polares porque não se antagonizam, mas se interagem, se acrescentam, se *intersubjetivam*.

O perigo está em se negar o patriarcado na *pesquisa* e no *ensino* e voltar-se a um todo indiscriminado, urobórico — isso seria um retrocesso, e no dizer de Bachelard, para tanto seria necessária uma vigilância do educador, não à 1ª, nem à 2ª, nem à 3ª, mas à 4ª potência.

Mudar currículo na escola, rasgando o velho é, por exemplo, atitude de quem despreza o patriarcado e se volta ao comum ou ao *non sense*. O mesmo se refere às relações interpessoais entre professor e aluno — é necessário saber quem é quem, porém, o respeito, a mutualidade, a reciprocidade são indicadores de alteridade que precisam ser preservados. São indicadores, como já dissemos em outra ocasião, de um novo rigor, de uma nova ordem, porém não revivida, mas recriada — é o velho travestido de novo.

Se estamos, ou queremos viver hoje na educação um momento de alteridade (como construção/produção de conhecimento) é funda-

---

5. Paul Ricoeur, *Interpretação e ideologia.*

mental que o professor seja *mestre*, aquele que sabe *aprender* com os mais novos, porque mais criativos, mais inovadores, porém *não* com a *sabedoria* que os anos de vida vividos outorgam ao mestre. *Conduzir sim*, eis a tarefa do *mestre*. O professor precisa ser o *condutor* do *processo*, mas é necessário adquirir a sabedoria da espera, o saber *ver* no aluno aquilo que nem o próprio aluno havia lido nele mesmo, ou em suas produções. A alegria, o afeto, o aconchego, a troca, próprios de uma relação primal, urobórica não podem pedir demissão da escola; sua ausência poderia criar um mundo sem colorido, sem brinquedo, sem lúdico, sem criança, sem felicidade.

3
A CONSTRUÇÃO DA IDENTIDADE FUNDAMENTADA NO AUTOCONHECIMENTO — ENSAIO*

A construção da identidade pessoal e coletiva numa escola supõe a superação da dicotomia subjetividade/objetividade, tendo em vista a totalidade. Pode realizar-se com a instauração da proposta de um trabalho interdisciplinar, que entretanto precisa ser cuidadosamente revista, seja em suas limitações ou em suas possibilidades de efetivação. Nesse sentido é importante discutir-se uma categoria sempre presente em nossos estudos: identidade. Os autores que frequentemente têm discutido essa questão são, entre outros, Erickson (1976), Goffman, Violante (1984), Ciampa (1985), alguns mais numa perspectiva psicológica, outros sociologicamente, e alguns num enfoque dialético, segundo o qual a identidade só se consolida no movimento contraditório das situações concretas de vida. Nossos estudos revelaram uma nova perspectiva nas questões da identidade, a interdisciplinar, na qual o que importa não é tentar explicar as causas das ações e representações dos indivíduos sob determinada situação de vida, mas compreendê-las a partir da forma como elas ocorreram.

---

* Redigido em 1991 como texto articulador de uma conferência.

No que se refere à *identidade pessoal*, consideramos que é algo que vai sendo construído num processo de tomada de consciência gradativa das capacidades, possibilidades e probabilidades de execução; configura-se num projeto individual de trabalho e de vida. Entretanto, não pode ser dissociado de um projeto maior, o do *grupo* ao qual o indivíduo pertence, às suas vinculações e determinações histórico-sociais no qual o sujeito está inserido.

Assim, por exemplo, a questão da *identidade*, ou da *lógica*, que preside o trabalho de um professor *bem-sucedido*, tema de investigação das pesquisas que coordenamos[1] e analisamos, vincula-se a uma intrincada rede de relações estabelecidas por um sujeito socialmente situado, que não pode ser compreendida fora de sua função axiológica e prática. A ação do professor bem-sucedido está duplamente determinada pelos objetivos da ação do sujeito social e pelos dados que concordam com esses objetivos, ou que se opõem a eles.

Nesse sentido, nossas investigações caminharam no intento de apreender o maior número de dados possíveis que pudessem compreender a ação do professor *bem-sucedido*, por exemplo, em *sala de aula*. Passamos grande parte do tempo observando seu cotidiano, pois é nele que as contradições mais claramente aparecem. Entretanto, permanecer na observação de seu cotidiano poderia indicar ao pesquisador uma *leitura unilateral* (a da ótica do próprio pesquisador). Partimos muitas vezes para entrevista com os alunos e com o próprio *professor*, e quando esse professor era o próprio pesquisador recorremos à memória dos fatos, aos seus arquivos e documentos.

Vista então, sob diferentes perspectivas, a lógica que preside o trabalho dos professores bem-sucedidos em nossos estudos foi da *interdisciplinaridade*, um *sujeito* portador de uma atitude comprometida em todas as suas afirmações e negações. Referimo-nos às *afirmações*, quando verificamos que entre os professores que pesquisamos sempre encontramos presente o *gosto por conhecer* — por um conhecer em múltiplas e infinitas direções (sejam elas de ordem prática, de ordem teórica ou de ambas). É um ser que busca, que pesquisa.

---

1. Juntamente com Marli André.

48

Outra característica que marca o *professor bem-sucedido* e que conduz à interdisciplinaridade é a questão do *compromisso* que ele tem para com seus alunos. Do ponto de vista *pessoal*, o *professor bem-sucedido* identifica-se com alguém sempre "insatisfeito" com o que realiza, com dúvidas a respeito do trabalho que executa — a *marca* do *novo* sempre é revelada em suas ações, em que cada momento é único. Seu *compromisso* só pode ser avaliado em sua contradição maior: na aventura *de ousar* as técnicas e os procedimentos de ensino convencionalmente pouco utilizados e no *cuidado* em torná-los transformáveis, conforme a necessidade de seus alunos, prosseguindo sempre na busca de outras possibilidades, *envolvido* em cada ato, em sua totalidade.

Competência, envolvimento, compromisso marcam o itinerário desse profissional que luta por uma educação melhor, *afirmando-a* diariamente.

Entretanto, há que considerarmos, igualmente, as *negações* que marcam o trabalho desses professores bem-sucedidos. A primeira, comum a todos, é a marca da *solidão*. Apesar do seu *empenho pessoal* e do sucesso junto aos alunos, defronta-se, quase sempre, com sérios obstáculos de *ordem institucional,* pois o professor comprometido, em geral, *trabalha muito* e seu trabalho incomoda aqueles que querem se acomodar, principalmente se a filosofia da instituição em que trabalha for a da *acomodação*. Encontramos neles todos a marca da *resistência*. Entretanto, são às vezes tantos os obstáculos ao desenvolvimento do seu trabalho comprometido que esse professor chega a *duvidar* da validade do seu esforço, e alguns pensam em *desistir da luta!* Suas *histórias de vida* profissional estão marcadas pela *resistência às instituições acomodadas*, seja no que se refere às escolas onde trabalham, seja resistindo à acomodação dos organismos norteadores da política educacional que tenta submetê-los. Muitas vezes sua luta é inglória e a acomodação das instituições acaba por vencê-los.

São muito poucas as instituições educacionais que acolhem o professor comprometido, que valorizam seu trabalho, propiciando também a infraestrutura necessária para sua execução. Nessas poucas instituições encontramos sempre o *germe* de projetos interdisciplinares de ensino, em que a *tônica é o diálogo*, e a marca, o *encontro*, a *reciprocidade*. São "nichos" onde o professor bem-sucedido pode se ancorar. São terrenos férteis, onde a semente da interdisciplinaridade poderá vingar, crescer e dar frutos.

São instituições que já têm uma proposta de *troca*, de coparticipação, por isso respeitam o trabalho do professor bem-sucedido, pois acreditam que seu projeto pessoal, nascido no interior de sua sala de aula, pode ser gradativamente ampliado aos seus alunos e à instituição como um todo. Entretanto, uma instituição que procura levar a bom termo uma proposta interdisciplinar precisa passar por uma *profunda alteração no processo de capacitação do seu pessoal docente*, pois existem pontos sérios a serem considerados, sem os quais o projeto interdisciplinar poderá correr o risco de tornar-se um empecilho à *troca*, à reciprocidade, ou seja, de tornar-se um projeto a mais, que a nada conduz.

Um projeto de *capacitação docente* para a consecução de uma interdisciplinaridade no ensino precisa levar em conta:

— como efetivar o processo de engajamento do educador num trabalho interdisciplinar, mesmo que sua formação tenha sido fragmentada.

— como favorecer condições para que o educador compreenda como ocorre a aprendizagem do aluno, mesmo que ele ainda não tenha tido tempo para observar como ocorre sua própria aprendizagem.

— como propiciar formas de instauração do diálogo, mesmo que o educador não tenha sido preparado para isso.

— como iniciar a busca de uma transformação social, mesmo que o educador apenas tenha iniciado seu processo de transformação pessoal.

— como propiciar condições para troca com outras disciplinas, mesmo que o educador ainda não tenha adquirido o domínio da sua.

Um projeto dessa natureza pressupõe a formação de professor/pesquisador, daquele que busque a redefinição contínua de sua *práxis*, e de uma instituição que invista na superação dos obstáculos de ordem material, cultural e epistemológica, enfim, num projeto coletivo. O enfrentamento aos obstáculos de ordem cultural e epistemológica não ocorre no *isolamento*, mas na medida em que a instituição caminhar para uma troca efetiva, seja *com* a universidade, seja *com* as demais escolas do 1º e 2º graus.

4
A CONSTRUÇÃO DA COMUNICAÇÃO FUNDAMENTADA NO DIÁLOGO — ENSAIO[*]

Nossa preocupação neste capítulo será desenvolver as seguintes relações: palavra-mundo, palavra-encontro, palavra-ação, palavra-valor como introdução a uma pedagogia da comunicação.

Palavra-mundo

A palavra não é possível senão pela linguagem, quer dizer, pela função que nos permite fazer corresponder os signos a nosso pensamento. Expressa-se pela língua, pois "a língua está para a linguagem, assim como a linguagem está para a palavra, ou seja, para a comunicação...".[1]

A linguagem não é apenas um instrumento, um meio, mas uma revelação do ser íntimo e do laço psíquico que nos une ao mundo e a

---

[*] Redigido em 1975, na tentativa de explicitar uma das categorias mestras de interdisciplinaridade: comunicação.

1. Cf. J. Delanglade, *Essai sur la signification de la parole*, p. 20.

nossos semelhantes. Essa relação homem-mundo, determinada pela linguagem, é tão fundamental que "se a linguagem for desordenada, o universo corre o risco de se achar em desequilíbrio".[2]

Isto não significa que a linguagem cria o mundo, pois o mundo existe de qualquer forma, mas que ela constitui um universo na medida da humanidade, ou seja, a palavra é que torna o mundo humano.

O homem ao vir ao mundo "toma a palavra", isto é, transforma a experiência num universo de discurso. Todo homem que nasce, redefine através da palavra todo o universo, a partir do que foi falado e do acréscimo ao mundo de sua própria palavra, de sua própria experiência. A palavra revela o mundo ao homem, anunciando o homem ao mundo. Através dela, o homem sai de si, interfere no mundo e deixa que o mundo interfira nele. Assim, podemos dizer que a palavra é a arma que o homem possui para dominar o mundo e fazer-se senhor dele.

A palavra capta, conhece, interfere e transcende a consciência do homem em sua busca do mundo.

Afirmada pois a interdependência existente entre palavra e mundo, restaria ressaltarmos a importância da leitura como forma de desvendar o mundo, fazendo do homem seu sujeito efetivo.

Através da leitura, o homem aumenta o seu universo de discurso, e, com isso, a possibilidade de multiplicar suas visões e aspirações sobre o mundo. A leitura poderá também conduzi-lo a uma disciplina pessoal que o levará a desvendar os intrincados dilemas e as diferentes facetas dos problemas que o mundo oferece. Aplicará sua capacidade de raciocínio e sua aptidão perceptual, permitindo ao homem agir, conhecer e transformar o mundo.

Palavra-encontro

A palavra preenche a vida. Sem ela não há vida social, e como imaginarmos uma vida pessoal fora de uma vida social? Entretanto, esse elemento fundamental de nossa vida é afetado de uma estranha

---

2. G. Gusdorf, *A fala*, p. 12.

ambiguidade, no sentido em que ela diz e cala ao mesmo tempo. Ela diz o acessório, o que exteriorizamos, o que dizemos, ela não pode dizer o essencial, o que está realmente dentro de nós, ou seja, nós mesmos.

É nesse sentido que podemos dizer ser esse interior pessoal do qual a palavra se reveste à base da reflexão e da liberdade, pois somos livres de refletir sobre o que bem quisermos, e livres de externar nossa reflexão a quem escolhermos.

No momento em que falamos, que exteriorizamos nossa palavra, dizemos alguma coisa a alguém. Evidentemente a expressão desse conteúdo do nosso pensamento, a comunicação dessa expressão dependerá basicamente do *outro* a quem estivermos nos dirigindo. Do que se conclui, como salienta Merleau-Ponty em *Fenomenologia da percepção*, que por estar a expressão de um conteúdo de pensamento diretamente ligada a outrem, exprimir-se significa comportar-se, relacionar-se.

As diferentes formas pelas quais um pensamento pode ser expresso não é de fundamental importância, pois variará de acordo com as condições e exigências que se fizerem presentes. O importante é considerarmos o próprio fato de o homem expressar-se, pois a expressão de um pensamento a outrem revela o interior do homem e permite também que ele próprio tome consciência de si mesmo.

"Toda experiência que um indivíduo tem com o outro é função do encontro do ser com ele próprio".[3] O homem vai atingindo o conhecimento de si na medida em que se revela. Esse conhecimento de si cresce na medida em que o homem procura conhecer o outro e esse conhecimento do outro só ocorre quando existe uma perfeita identificação entre o eu e o outro, ou seja, o homem só se realiza, só se conhece no "encontro" com o outro.

A linguagem assinala a linha de encontro entre o eu e o outro, pois ao tentarmos nos explicar, ao tentarmos nos fazer entender, estamos a um tempo nos descobrindo e tentando descobrir o outro para fazê-lo nos entender.

---

3. Cf. J.J.F. Bugtendijk, *Phénoménologie de la rencontre*, p. 37.

Essa, em última análise, seria a condição primeira da instauração do *diálogo*, pois na experiência do diálogo é constituído entre o eu e o outro um terreno comum; nele, o meu pensamento e o do outro formam um único todo. Não há no diálogo dois seres isolados, mas um ser a dois. O diálogo supõe para que realmente ocorra uma atitude de abertura, uma relação de reciprocidade, de amizade e de receptividade que basicamente só poderá ocorrer se houver antes uma intenção em conhecer o outro.

Através da leitura existe a possibilidade de um autêntico diálogo, pois nela não existem os entraves do relacionamento pessoa-pessoa. Nela o meu *eu* encontra-se com o *eu* do autor de uma forma inteira, e minha intenção será decifrar o *eu* do autor para poder compreender melhor *meu* próprio *eu*. Efetivando-se esse autêntico diálogo entre leitor e a obra, a leitura cria possibilidades de que se efetive um maior encontro entre *eu* e o *meu eu*; ou seja, a leitura me conduzirá a um melhor conhecimento não só do mundo, como de mim mesmo.

Palavra-ação

Toda a palavra tem um sentido, uma significação. Esse sentido, ou significação, está diretamente relacionado com nossas experiências individuais. Assim, por exemplo, a palavra cachorro pode ter para uma determinada criança o sentido, ou significado de um animal dócil e amigo, ao passo que para outra, pode ter o significado de um monstro feroz, dependendo evidentemente das experiências pessoais envolvidas com a palavra cachorro.

É assim que podemos dizer estar toda palavra vinculada a uma ação. Ao comunicarmos um conteúdo de pensamento, comunicamos, como já vimos, um pouco de nós mesmos, pois o significado que imprimimos à nossa comunicação está diretamente relacionado com as experiências que sofremos. Assim é que a palavra só tem sentido, ou significado na ação. A palavra não traduz um pensamento, mas o realiza.[4] Pensar e falar são duas atividades correlacionadas e conduzem à ação do conhecer. O importante, portanto, é que ao falarmos,

---

4.   G. Gusdorf, *Op. cit.*, p. 34.

ao nos comunicarmos, estamos agindo, estamos interferindo de um modo particular, estamos modificando.

Podemos dizer que a comunicação possui uma força criadora na medida em que ela procura interpretar, explicar, compreender e modificar. Ela dá ao sujeito uma nova capacidade: a de que ele compreenda a si próprio, a de torná-lo um novo ser no mundo. Cria-se um novo ser e amplia-se suas possibilidades. Esse sentido de criação ou essa capacidade de modificar podem ser constatados na leitura. Ao ler, o homem escreve um novo texto, pois a capacidade que o homem tem de interferir e modificar por meio da sua palavra torna o texto tão dinâmico que, tantos textos existirão quantas forem as leituras feitas sobre o texto original. Não existirá mais um autor apenas. Através da leitura cada leitor será um novo autor e o discurso primeiro poderá modificar-se tantas vezes quantas forem suas interpretações.

Isso conduz evidentemente a uma modificação do universo do discurso, e essa dinamicidade e criatividade propiciadas pela leitura conduzirão evidentemente a uma ampliação do universo coletivo e à perpetuação da própria vida.

Palavra-valor

A linguagem cria para nós, mais do que o presente, uma natureza apta a explicar o passado, a encaixar o futuro. Essa dinamicidade, essa capacidade de mudar segundo o sentido de seu intérprete e da situação em que este se situe, conduz à conclusão de que não existe obra acabada, que toda obra está aberta, ou seja, sempre está por fazer-se. Nesse sentido, o valor da palavra como realização da própria história, e como antropomorfização do próprio homem.

Segundo De Waelhens[5] "a humanidade está toda por fazer-se, pois nunca terminará de falar". O homem por outro lado realiza-se, universaliza-se, na expressão do seu *eu* a outrem, ou seja, no encontro *com o outro*. É portanto do comprometimento da pessoa com as coisas e com as pessoas que se estabelece a linguagem.

---

5. Cf. De Waelhens, *La philosophie de langage*, p. 139.

Disso posto, conclui-se por toda uma ética da palavra, em que "nossa palavra vale o que vale nosso ser... e nosso ser é revelado por nossos atos".[6]

Esse compromisso advindo da relação homem-mundo por meio da linguagem, possibilitando ao homem efetivar-se, tornar-se, através da fala, da expressão, leva-nos a algumas reflexões a respeito do valor da leitura: sendo a leitura o veículo por excelência por meio do qual o homem pode se expressar e conhecer a expressão do outro, sendo a palavra, ou a linguagem, a forma pela qual o homem se antropomorfiza, conclui-se basicamente ser a leitura condição indispensável para tornar o homem mais homem. Tornar o homem mais homem significa em última instância torná-lo sujeito efetivo das transformações do mundo, e não apenas um expectador das mudanças do mundo; significa torná-lo consciente de suas possibilidades e limitações.

A leitura é condição de vida do homem, se considerarmos vida no sentido de transcendência ao próprio homem, ou seja, se considerarmos vida não só a vida do homem em si como a vida do homem como ser do mundo, e como participante da sociedade dos homens.

Ao considerarmos a relação homem-mundo, verificamos que por ser a palavra condição de transcendência do homem, levando-o a sair de si e identificar-se com as coisas do mundo, conclui-se ser a leitura fator de ampliação dessa relação homem-mundo e, consequentemente, motor de transformação do próprio mundo.

O homem, por não estar só no mundo, por possuir uma necessidade essencial de se comunicar, de se relacionar tem na palavra sua condição primeira de encontro com o outro. Uma das formas mais completas de se estabelecer essa relação eu-outro é a leitura, pois com ela é possível conhecer-se o outro em mim, e eu no outro, já que minha intenção ao ler é captar a linguagem do outro para meu cultivo próprio.

O significado que eu adquiro é resultado de minhas experiências anteriores. Nesse sentido, o significado de um texto tem para

---

6. Cf. J. Delanglade, *op. cit.*, p. 145.

mim um significado especial e próprio em determinado momento. A cada leitura que fizer estarei incorporando um sentido novo ao texto, que evidentemente me tornará mais consciente e mais experiente, com maior capacidade de interferir e modificar.

Finalizando, ao estabelecermos o valor da linguagem como elaboradora da história e do próprio homem, ressaltamos o papel da leitura em tornar o homem mais consciente, mais responsável, mais dinâmico, interferindo no processo da vida.

5
A CONSTRUÇÃO DE UM MÉTODO FUNDAMENTADO NA AÇÃO*

Dos mais de 30 trabalhos a serem analisados, todos, direta ou indiretamente, pesquisam o cotidiano da sala de aula, tendo em vista retirar deles os elementos constitutivos de uma prática docente interdisciplinar e de uma teoria da interdisciplinaridade. Outras teorias tais que o interacionismo simbólico, a etnometodologia, a teoria da reprodução e da resistência já demonstraram a importância da sala de aula como objeto de estudos e pesquisas. Em se tratando da explicitação de uma teoria da interdisciplinaridade, as pesquisas sobre sala de aula adquirem, a nosso ver, uma importância primordial, já que é a sala de aula o *locus* por excelência do conhecimento interdisciplinar — onde ela habita.

Em artigo recente, Antonio Chizzotti condensa as principais correntes de pesquisa que abordam as questões da sala de aula.[1]

---

* Texto produzido para ser apresentado na 17ª Reunião da Anped, em Caxambú, 1994.
1. Cf. Antonio Chizzotti, "Pesquisa e sala de aula", *Ciência e Cultura*. Revista SBPC 42 (11), novembro de 1990.

Indica-nos a evolução de tais estudos a partir de diferentes enfoques metodológicos, destacando os avanços das teorias que investigam e procuram explicitar a intrincada rede de relações ocorridas neste local. Relendo as reflexões de Chizzotti, constatamos que, de Blumer à teoria da resistência proposta por Giroux, encontramos modificações na forma de estudar a sala de aula. Cada teoria emergente procurou rever as anteriores, no sentido de torná-las mais adequadas para fundamentar o que denominamos comumente *ciência da escola*. Assim, Giroux ao analisar as teorias da reprodução conclui que as mesmas não consideram a emergência e a dinâmica da contracultura e o conhecimento crítico que se processa nas relações pedagógicas. A partir desses pressupostos, constrói a teoria da resistência que procura analisar o poder dos grupos dominantes e sua força conservadora, as resistências às oposições e reconstruções que se processam na escola, no trabalho e no meio familiar.[2]

O eixo teórico que vem alimentando e configurando desde os anos 30 essas teorias alicerça-se numa determinada organização de ideias com vinculações numa direção exclusivamente disciplinar, o que induz as análises a ópticas determinadas previamente.

A tendência em olhar a sala de aula sob uma única e determinada perspectiva acarreta sérias limitações, quer no referente às análises, quer nas sínteses enunciadas. A limitação disciplinar a que essas teorias se filiam impede uma visão multiperspectival dessa polifacetada realidade denominada sala de aula e, por conseguinte, fragiliza a evolução da ciência escolar atual.

A superação dessa limitação vem sendo anunciada desde os anos 60 pela interdisciplinaridade, cuja proposição permite não apenas a observação do fenômeno por uma lente grande-angular como permite através da mobilidade que a sustenta aproximações ou distanciamentos do fenômeno observado, conforme o estudo assim o requerer. Poder observar sob variadas óticas vai despertando no investigador o gosto pela dúvida, pela pesquisa, incitando-o a percorrer *novos*

---

2. Giroux, citado por Chizzotti, *op. cit.*, p. 898.

caminhos teóricos para explicitação do real. Colocar em dúvida teorias construídas a partir de uma *atitude* disciplinar não significa isolá-las ou anulá-las, mas enfatizar nelas seu caráter de *provisoriedade*. Essa provisoriedade justifica-se pela complexidade dos fenômenos envolvidos nas ocorrências de sala de aula. A atitude interdisciplinar visa, nesse sentido, uma transgressão aos paradigmas rígidos da ciência escolar atual, na forma como vem se configurando, *disciplinarmente*.

Partindo da *dúvida*, a postura interdisciplinar procura reindagar as certezas paradigmáticas resultantes das teorias que configuram a atual ciência escolar, e mais, procura considerar como fundamental à construção dessa ciência, a pesquisa criteriosa sobre as ações comprometidas ocorridas em sala de aula. Essa forma de pesquisa permitirá extrair do cotidiano de práticas bem-sucedidas os fundamentos de novas teorizações. A incursão no universo interdisciplinar de múltiplas teorizações induz o aparecimento de novas hipóteses que poderão consolidar o jeito novo, a nova forma de conceber e de fazer escola. A transgressão teórica referida, travestida do rigor que a ela se impõe, significará uma transformação profunda na proposta epistemológica concernente à ciência escolar atual, que a acrescenta, dinamiza e redireciona numa perspectiva ética e estética até então não contemplada nos atuais estudos sobre sala de aula.

O advento dessa nova proposição prevê, portanto, uma profunda revisão dos pressupostos epistemológicos que embasam a atual ciência escolar. Ao partirmos, entretanto, da estética e da ética como fundamentos ônticos dessa nova escola, não podemos nos eximir de uma revisão conceitual desses elementos. Revê-los, numa postura interdisciplinar, significa também rever aquilo que determina sua essência, sua finalidade maior, o sentido do humano, em suas inter-relações na busca da construção e reconstrução do conhecimento.

Muitos autores têm estudado e discutido o sentido do humano em sua potencialidade interdisciplinar. Reflexões tais como a de Juan Suero[3] permitem-nos rever a questão do humano em sua essencialidade. Para Suero, o mais característico e constitutivo do caráter huma-

---

3. J. Suero, *Interdisciplinaridad y Universidad*, UPCM, Madri, 1986.

nístico do ser encontra-se em seu dinamismo de *perguntar*. Nesse sentido, se o objetivo for, tal como anunciamos, investigar a intencionalidade da ação interdisciplinar em seu caráter antropológico, seremos obrigados a reindagar o *homo quaerens* — do homem como ser que pergunta e da situação específica do seu ato de perguntar. O *homo quaerens* constitui-se numa das últimas especificidades do ser-racional homem, pois quanto mais se evolui na investigação do homem como ser reflexivo, mais nos aproximamos de nossos antepassados e de suas primeiras perguntas. Tanto a pergunta mais imediata, suscitada no *porquê*, quanto em sua sequencialidade *mas por quê?* aspiram a uma compreensão última ou *total*, interdisciplinar do conhecimento.

O que importa, portanto, não é a forma imediata ou remota de conduzir o processo de inquirição, mas a necessidade de verificarmos o *sentido* que a pergunta contempla. Existem perguntas cujo objetivo explícito é a obtenção de informações imediatas, às quais Suero denomina *intelectuais*. Outras, entretanto, são existenciais, pois contemplam todos os compromissos e angústias que movem a vida.

Perguntas acadêmicas, meramente intelectuais, conduzem o homem a respostas *previsíveis*, pois o método que alimenta suas respostas é o *científico*, aquele que busca esclarecer bem, porém numa única direção. Perguntas que transcendem o homem e seus limites conceituais exigem respostas interdisciplinares.

Essa questão da *pergunta*, do *sentido quaerens*, no homem, conduz-nos à seguinte constatação: o *saber perguntar*, próprio de uma atitude interdisciplinar, envolve uma *arte* cuja qualidade extrapola o simples nível racional do conhecimento. O exercício dessa arte de perguntar, que Sócrates denominara *maiêutica*, levou-nos em nossas pesquisas a algumas investigações especiais que nos suscitaram muitas dúvidas sobre a forma como se pergunta e se questiona em sala de aula. Nesse percurso, norteamo-nos mais pelas *dúvidas* do que pelos achados, entretanto, essas dúvidas nos conduziram a descrever e a investigar a sala de aula, da forma como segue.

A análise que nos propomos fazer baseia-se não apenas na pesquisa que cada autor realizou sobre sua prática vivenciada em sala de aula, seja ela de pré-escola, de 1ª a 4ª série, de 5ª a 8ª, de 2º ou de 3º graus. Nossa intenção é uma releitura dessas pesquisas à luz do tempo transcorrido desde o término delas, reinterpretando-as a partir não apenas de seus próprios referenciais de teoria e de metodologia, mas de outros aspectos que a discussão e o debate sobre as mesmas permitiram chegar. Das discussões e dos debates surgem novas parcerias: a com os leitores das pesquisas realizadas e essa parceria tem propiciado o advento de novas hipóteses teóricas.

A dinâmica do movimento empreendido nas pesquisas realizadas é tão próprias delas, que impossível seria repeti-las ou uniformizá-las. Cada movimento interdisciplinar é como cada momento vivido — *único*, por isso sugere a quem dele participa (leitor) outros movimentos, também interdisciplinares, portanto, *únicos*. Falar de movimento interdisciplinar não é, pois, dizer de *modelos,* mas de *possibilidades*, que se iniciam no pesquisado e a partir dele podem se transmutar em múltiplas formas e atos.

O movimento empreendido em cada ação pesquisada evidencia o caráter interdisciplinar delas que é dinâmico, pois passa pela *história de vida* do *pesquisador*, que a viveu e a analisou e a história de vida do leitor que a lê e a reinterpreta.

O caráter interdisciplinar presente nas ações pesquisadas permite a cada pesquisador recorrer à sua forma própria de representação. Cada trabalho, portanto, possui sua configuração específica e sua peculiar estética. Além da explicitação do sentido estético de cada trabalho, nossa análise procurará revelar os fundamentos éticos explícitos ou implícitos nas diferentes pesquisas, revelando seu projeto político, sua intencionalidade.

Procuraremos refletir sobre cada ação a partir de seu movimento, de sua intencionalidade, develando a lógica própria, o sentido de ser de cada uma dessas ações pesquisadas.

Prolegômenos à análise

Equívocos teóricos dificultam a consecução de projetos interdisciplinares

O termo interdisciplinaridade vem sendo utilizado com desmedida frequência, sempre que se busca imprimir um caráter de seriedade a determinado trabalho de equipe, seminário, encontro de educadores ou projeto educacional.

A socialização dessa terminologia, entretanto, com muita frequência tem contribuído para o empobrecimento do significado originário e desvio do mesmo.[4] Dessa forma, podemos constatar que a história da interdisciplinaridade, porque recente, tem sido marcada por equívocos. Esses equívocos, entretanto, fazem parte de seu próprio processo constitutivo, emergente que vem tentando adquirir maturidade estrutural.

Se a recentidade da abordagem teórica interdisciplinar se configura como problema e impede o alcance de uma maturidade estrutural, a mesma ordem de problemas se exacerba ao pensarmos na implantação prática de um projeto interdisciplinar. Duas categorias de problemas emergem ao pensarmos na execução de um projeto interdisciplinar — a primeira delas refere-se à dificuldade na explicitação e consequente *compreensão do significado antropológico e histórico da interdisciplinaridade*. A segunda estaria na ausência de um *método* ou caminho estruturalmente concebido que pudesse simplificar a viabilidade do *trabalho ou da ação interdisciplinar*.

Com relação à primeira ordem de problemas, da dificuldade na compreensão do significado antropológico e histórico da interdisciplinaridade, constatamos que vem sendo exaustivamente discutido ao questionar-se o conceito de ciência hoje e o seu papel no próximo milênio. Entretanto, tais estudos somente exacerbam a polêmica instaurada nos anos 70 referente às questões conceituais da interdisciplinaridade. Embora alguns estudos já tenham evoluído no sentido de enfrentar essa problemática,[5] muitas dúvidas ainda permanecem e precisam ser mais bem analisadas. Correlatamente, a indefinição sobre interdisciplinaridade origina-se ainda dos equívocos sobre o conceito de *disciplina*.

---

4. Sobre esse aspecto, consultar o seguinte trabalho: *Integração e interdisciplinaridade no ensino brasileiro*, I. Fazenda, São Paulo, Loyola, 1978.
5. Entre eles, por exemplo: *Integração e interdisciplinaridade no ensino brasileiro* e *Práticas interdisciplinares na escola*, já citados.

Os anos 80, como já dissemos, foram marcados pela evolução dos estudos sobre o papel das ciências humanas, portanto de tentar compreendê-las em seu sentido *disciplinar* de seus próprios aportes e de suas próprias formas de estruturar seus caracteres. Porém ainda estamos ensaiando estabelecer relações de interação entre as disciplinas, que seriam a marca fundamental das relações interdisciplinares, em que Piaget tanto se empenhou em desvendar.

A partir de 1980, os estudos e pesquisas realizados continuam apontando para a complexidade da explicitação das especificidades próprias das possíveis interações existentes. Autores como Benoist, Smirnov, Apostel, Sinaceur no já citado trabalho *Interdisciplinariedad y ciencias humanas* — Unesco, 1983 — traduzem em seus escritos a multiplicidade de possibilidades de tratamento de temas atuais, no discurso e na *práxis* científica. Entretanto, essa peculiar multiplicidade acaba por recolocar a dúvida sobre o conceito de disciplina. Os estudos acabam por delinear sua provisoriedade, ensaiando uma substituição do conceito de disciplina pelo de disciplinaridade interdisciplinar. Essa tentativa de reconceptualização retira do conceito disciplina seu hipotético objeto material/formal, ao mesmo tempo em que, paradoxalmente, o preserva e o fortalece. No dizer de estudos como o de Apostel, a preservação e a unidade do conceito de disciplina passam, portanto, pelo desenvolvimento sistemático das relações de uma disciplina com as demais — isso, obviamente, acarreta, como antes já tratamos, na própria evolução do conceito de ciência.

Autores como Gusdorf, Morin, Benoist acabam por relativizar as disciplinas com pretensões de universalidade ou supremacia, na medida em que ao apontar em seu infinito universo de possibilidades de inter-relação, manifestam suas limitações.

A polêmica sobre as comparações entre disciplina e interdisciplina nos conduz a uma nova forma de acesso ao real, de inteligibilidade, em que as noções de *parte e todo* adquirem distinta abordagem. Essa nova abordagem é possibilitada ao submetê-la a um tratamento eminentemente pragmático, em que a *ação* passa a ser o ponto de convergência e partida entre o fazer e o pensar da interdisciplinaridade.

Essa postura ou atitude pragmática devolve a identidade às disciplinas, fortalecendo-as. Porém, segundo Bottomore, esse fortalecimento vai muito mais depender do desenvolvimento sistemático da referida disciplina, do quanto estiver madura para relacionar-se com as demais. Tão original quanto complexa posição epistemológica acaba por solidificar o improcedente das pretensões de supremacia de certas ciências até então vistas como rainhas. Embora, pois, recente, a epistemologia interdisciplinar já permite, como esse exercício que tentamos fazer revela, hoje, início dos anos 90, discernir posicionamentos e ensaiar proposições originais diante da epistemologia clássica. As pesquisas por nós desenvolvidas ou orientadas, como poderemos verificar a seguir, têm sido decisivas no empreendimento desta tarefa de abertura a questões e problemas num temário tão apaixonante quanto esse, da teoria interdisciplinar.

Equívocos metodológicos determinam incompreensões acerca das ações e impedem a realização de um trabalho interdisciplinar

Várias tentativas foram empreendidas pelos estudiosos da interdisciplinaridade, no sentido de encontrar uma metodologia madura e inquestionável, que desse sustentação aos projetos nascentes. Todas essas tentativas apenas serviram para elucidar equívocos, tais como o das limitações em encontrar-se uma *linguagem unificadora das ciências*, e, por conseguinte, das limitações em criar-se uma metodologia comparativa entre as ciências humanas.[6]

Entretanto, supondo-se que uma epistemologia interdisciplinar requereria um método próprio, o método que nos parece natural, porque decorrente da própria concepção de interdisciplina, é o do *discurso interdisciplinar*. Tomando-se por base o *discurso*, o método dele decorrente surge do envolvimento e da complexidade na participação no questionar, no indagar, no pesquisar.

---

6. Segundo Apostel a criação dessa metodologia, tentada por Piaget, exigiria o enfrentamento das ciências na estruturação de uma teoria completa sobre seu próprio método.

A excelência da argumentação, a explicitação e a clareza na formulação das questões e das perguntas determinarão o grau de cientificidade conferido ao projeto.

O método ao qual nos referimos evidencia-se por sua característica intrinsecamente maiêutica, que intensifica o exercício do dinamismo do perguntar e do questionar, mecanismo esse que se autoprocessa e alimenta, por meio de perguntas que se sucedem num elevado grau de compromisso com a elucidação do questionamento levantado. Essa dinâmica maiêutica progride e avança na solução do objeto a ser pesquisado, na direção do aprofundamento, do detalhamento e da abertura.

Tendo por pressupostos a liberdade na exposição e a sequencialidade das questões, a disciplina, a ordem e o respeito na condução do ato a questionar e o envolvimento incondicional ao projeto a ser pesquisado ou desenvolvido, tal metodologia acaba por transgredir fundamentalmente os procedimentos de direcionalidade e a busca imediata de resultados presentes nos questionamentos convencionais e, principalmente por tais características, terá condições de apresentar substratos mais relevantes para a construção da nova ciência escolar.

A metodologia interdisciplinar em seu exercício requer como pressuposto uma atitude especial ante o conhecimento, que se evidencia no reconhecimento das competências, incompetências, possibilidades e limites da própria disciplina e de seus agentes, no conhecimento e na valorização suficientes das demais disciplinas e dos que a sustentam. Nesse sentido, torna-se fundamental haver indivíduos capacitados para a escolha da melhor forma e sentido da participação e sobretudo no reconhecimento da provisoriedade das posições assumidas, no procedimento de questionar. Tal atitude conduzirá, evidentemente, à criação de expectativas de prosseguimento e abertura a novos enfoques ou aportes. E, para finalizar, a metodologia interdisciplinar parte de uma liberdade científica, alicerça-se no diálogo e na colaboração, funda-se no desejo de inovar, de criar, de ir além e exercita-se na *arte de pesquisar* — não objetivando apenas uma valorização técnico-produtiva ou material, mas, sobretudo, possibilitando uma ascese humana, na qual se desenvolva a capacidade criativa de transformar a concreta realidade mundana e histórica numa aquisição maior de educação em seu sentido lato, humanizante e liberador do próprio sentido de ser-no-mundo.

A explicitação dessa *maiêutica* metodológica nos conduziu à importante constatação do sentido que adquirem, nas investigações, os procedimentos de resgate da memória e da história de vida. Tão importantes e fundamentais, que nas investigações esses procedimentos puderam iluminar um caminho metodológico promissor na capacitação de sujeitos interdisciplinares; caminho esse que busca ativar a memória adormecida, retirando dela as possibilidades de leituras mais plenas dos fatos vivenciados no cotidiano da sala de aula e da escola.

6
A CONSTRUÇÃO DA DIDÁTICA A PARTIR DA PRÁTICA DOS PROFESSORES

Não iremos tratar aqui das questões intrínsecas à didática.

Vamos apenas indicar alguns aspectos da prática educativa que merecem atenção quando a intenção é compreender as relações dela com uma didática que pretenda enunciar diretrizes para um trabalho docente significativo. Nesse sentido, trataremos em primeiro lugar de situar o papel do *autoconhecimento* na análise das práticas individuais, como ponto de partida para um repensar o trabalho docente. Em seguida, trataremos da natureza *dessas práticas*, que é sempre social. Em terceiro lugar, refletiremos sobre a necessidade de uma *ação conjunta*, integrada e interdisciplinar para a melhoria da qualidade do trabalho educativo na escola.

Inicialmente salientamos que a *prática que se constitui em critério de verdade é sempre aquela motivada por uma finalidade*,[1] ou

---

1. Adaptação de texto publicado na *Revista Idéias*, nº 11, 1991.

seja, toda a prática verdadeira está intimamente correlacionada ao fim que o homem tem em vista e ao seu engajamento no processo produtivo.

Nesse sentido, é fundamental que o homem perceba a si próprio pelo acúmulo de conhecimentos sobre a prática que adquiriu em sua vida. Embora as situações do cotidiano não se repitam de formas absolutamente iguais, as respostas dadas às situações se revelam no simples aproveitamento de experiências cujos resultados são conhecidos.

O que estamos com isso querendo dizer é que a capacidade de conhecer uma *prática em suas limitações e possibilidades* supõe o conhecimento das *intenções* que determinaram ou direcionaram esse agir pessoal, particular, individual, e que somente assim teremos condições de adquirir *novas* formas de *perceber, conhecer* e *agir* em outras perspectivas.

Nem sempre é possível à própria pessoa sozinha perceber as *n* leituras que sua prática revela. Nesse sentido, é fundamental o papel de um *interlocutor* que vá ajudando a pessoa a se perceber, que vá ampliando as possibilidades de *leitura* de sua prática docente e da *prática docente* de outros colegas. O papel de um supervisor ou de um *coordenador pedagógico* é fundamental nesse caso. O *interlocutor* pode ser também o grupo de professores da escola; entretanto, é necessária a *intermediação* de um coordenador competente que gradativamente promova a integração do grupo diante desse projeto.

Toda prática bem-sucedida é precedida de outras práticas bem-sucedidas — a crença na veracidade desse paradigma surgiu-nos há cinco anos, quando decidimos pesquisar as *práticas* de sala de aula dos professores da pré-escola. Tínhamos então sob a nossa coordenação um grupo de dez alunos do curso de Pedagogia da PUC/São Paulo que pretendia estudar as questões da didática e da prática na pré-escola. Como característica comum, o fato de serem todos professores de pré-escola que nunca haviam parado para refletir sobre suas próprias práticas.

Colocados que foram na tarefa de construírem subsídios para uma proposta de *Programa de Curso para Pré-Escola*, envolveram-se numa série de inquietações que deram origem a novas finalidades e novas *ideias* para sua prática educativa.

Melhor explicando, o desafio para a construção de algo novo (no caso, subsídios para uma proposta de curso) fez com que inicialmente fossem pesquisar em livros o que já havia sido escrito sobre o *tema*. Entretanto, após ampla discussão sobre o material pesquisado, esses alunos começaram a perceber que existia um material mais rico e mais vivo do que o encontrado — o depoimento da prática de cada um deles no seu cotidiano. Decidiram então falar, discutir e escrever sobre isso. De início esses depoimentos eram confusos e esparsos, mas o desejo de serem ouvidos e lidos fez com que aos poucos as descrições fossem se clareando e se modificando.

Motivados como se sentiram pelo projeto a desenvolver — a construção de subsídios para uma proposta de pré-escola —, os alunos se engajaram num trabalho produtivo de busca de *indicações teóricas* para a reflexão e a busca de *indicações práticas* ante o projeto a ser desenvolvido.

As indicações teóricas de apoio à reflexão mostravam-se bastante inconsistentes, o que demonstra que a *teoria* sobre pré-escola ainda é *pobre* para explicar a multiplicidade de aspectos que emergem num cotidiano dessa natureza.

As observações da prática, realizadas durante o período dos estágios, revelavam também aspectos extremamente *conflitivos* que nem sempre eram passíveis de serem captados, muito menos analisados.

As *trocas* sobre as observações que fazíamos ocorriam em nossa sala de aula, e foi a partir da discussão sobre as mesmas que nos foi possível começar a perceber aspectos de *certas práticas* que estavam confusos para quem as observou. Percebemos também que passado algum tempo de observação numa sala de aula, alguns fatos apresentavam-se como *recorrentes*.

Nesse sentido, foi importante registrar que não só as *ocorrências* são importantes de serem registradas, mas, sobretudo, as *recorrências* e a forma como estas se evidenciam num processo particular de vida. Tudo se deu como num *efeito cascata*. Aquelas práticas que mais *profundamente marcaram* a vida de cada um, além de conseguirem ser descritas com maior número de detalhes, tendiam a se repetir em outras situações e sob outros enfoques.

As experiências sombrias eram quase sempre marcadas por relatos caóticos com muitos elementos que não puderam ser explicitados; seus relatos eram evitados. As *recorrências* positivas contrariamente multiplicavam-se inúmeras vezes no relato das pessoas, embora nem sempre estas se dessem conta do seu valor. As pessoas em geral nunca param para analisar nem as marcas de seus *sucessos*, nem as marcas de seus *fracassos*. Muitos fatos revelados como *fracassos* puderam ser recuperados nesse processo de autoconhecimento. Assim, o que se denominava fracasso, com uma análise mais detalhada revelou-se apenas como inadequado, do que concluímos o seguinte: o autoconhecimento permite um redirecionamento das práticas individuais.[2]

Vários pontos merecem ser considerados a partir da realização desse trabalho coletivo.

O primeiro deles é que existe a necessidade de um *projeto inicial* que seja suficientemente detalhado, coerente e claro para que as pessoas, nele envolvidas, sintam o desejo de fazer parte dele.

Em seguida, que um *projeto coletivo* pressupõe a presença de *projetos pessoais de vida*. Estes quando não suficientemente claros, coerentes e detalhados precisam ser gradativamente explicitados. Que o processo de *desvelamento de um projeto pessoal é lento*, exige uma *espera adequada* não só do coordenador do projeto coletivo, mas também de cada membro que o compõe. Que essa *espera* é elemento decisivo para a construção do projeto coletivo, já que esta é, sobretudo, uma construção *gradativa* e *lenta*.

Em terceiro lugar, que muitas das ocorrências surgidas no processo de *desvelamento* dos aspectos pessoais de cada um, num projeto coletivo de trabalho, são comuns não só a ele no seu itinerário

---

2. Esse trabalho deu origem a uma coletânea de textos intitulada *Tá pronto, seu lobo? Didática/prática na pré-escola*, I.C.A. Fazenda (org.).

de vida, mas fazem parte do *inconsciente coletivo do grupo*. Muitas das contradições enfrentadas no cotidiano de um indivíduo não são tão *singulares* quanto se imagina, mas são *comuns* a todos os que se dispõem a reconstruir suas práticas, tendo por objetivo a construção de uma nova didática.

A seguinte reflexão pretende analisar que a natureza das práticas individuais é sempre *social*.

Se no processo de *construção coletiva* estivermos apenas preocupados com a experiência *pessoal* de cada um, no isolamento de sua individualidade, desligado do correlacionamento, da inclusão no contexto coletivo, se a prática for somente *daquele* indivíduo que a *revela* numa situação particular, diríamos que ela apenas poderia ser *geradora* de *opinião*, nunca poderia ser considerada como *fundamento do saber*.

A prática que possibilita o *fundamento* do *saber* é aquela cuja natureza social se revela.

Assim, existem certos *condicionantes* que determinam o surgimento e o desenvolvimento de certas práticas. Isso não quer dizer que outras pessoas pudessem chegar aos mesmos resultados de uma em particular que empreendeu uma prática bem-sucedida, apenas por terem seguido todos os passos por ela descritos. Queremos com isso dizer que uma prática individual bem-sucedida contextualiza-se em determinada *história de vida* particular, que por sua vez é produzida em um determinado *espaço* e num *tempo historicamente determinado*. A história *atual* de uma *determinada prática* só pode ser revelada em sua complexidade quando investigada em suas origens de *tempo* e *espaço* — por isso a importância fundamental de que o *pesquisador* da *prática* investigue a mesma não só em sua ação imediata, tal como ela aparentemente se revela, mas permita-se compreender os condicionantes históricos que a determinaram.

A exemplo disso, recentemente concluímos uma pesquisa juntamente com Marli André e um grupo de pesquisadores sob nossa dupla coordenação, cujo objetivo era pesquisar o *fazer* no cotidiano de professores de didática da habilitação magistério. Foi um trabalho que durou três anos. Entre os vários aspectos pesquisados, dispusemo-nos a acompanhar cinco professores por nós selecionados. Passamos grande parte do tempo em suas salas de aula, registrando cursivamente todos os elementos que podíamos captar. Muitas foram as hipóteses levantadas por nós para explicitar o porquê de suas atitudes nas salas de aula. Entretanto, foi necessária uma ampla investigação das suas histórias de vida, realizada através do resgate de memória dos nossos sujeitos para compreendermos certos aspectos que para eles mesmos se constituíam pontos obscuros de compreensão.

Vários dados da história de vida, tais como influência da figura materna, presença marcante de um professor, pai contestador, livros que leu, autores que selecionou, cursos que frequentou e outros mais foram emoldurando as observações e os registros de suas aulas. Então foi possível observarmos os traços típicos de cada um e de uma *época*, a influência de certas escolas que formavam professores em São Paulo e no interior, o questionamento da mulher que trabalha, o marco das teorias mais representativas...

Todos esses elementos, aparentemente ausentes numa observação primeira da sala de aula, *condicionam* e *movimentam* o modo de ser particular de cada professor, a sua forma própria de viver a didática.[3]

Muitos foram os momentos e não apenas nessa citada pesquisa que pudemos observar o quanto a *prática* de *cada um* está marcada por sua história de vida pessoal, acadêmica e profissional.

Em 1988, lançamos pela Editora Cortez o *Caderno do Cedes*, nº 21 — coletânea de textos intitulada *Encontros e desencontros da didática e da prática de ensino*, por nós organizada. Nossa intenção foi a de "abrirmos uma porta ou uma janela" de algumas salas de aula da universidade, para que outros pudessem ver o que se passa lá dentro. Essa coletânea foi organizada com o objetivo de diminuir a *solidão* dos que vivem a sala de aula — solidão revelada pelos cinco sujeitos de nossa pesquisa anteriormente citada e por nós comparti-

---

3. Essa pesquisa intitulou-se: O redimensionamento da didática a partir de uma prática de ensino interdisciplinar. Encontra-se em fase de pré-publicação.

76

lhada. Cada texto dessa coletânea revela um pouco do modo de ser de cada um de seus autores, seja no que descrevem, seja na *forma como descrevem*.

Hoje, relendo essa coletânea percebo em cada *autor* a marca dos textos que leu, dos anos que viveu. Alguns, timidamente, anunciando suas primeiras inquietações. Outros, já iniciados nesse exercício, descrevendo com minúcias seu fazer pedagógico e com isso permitindo uma sintonia mais rápida com o leitor.

Dessa experiência o que nos fica como mais significativo é o seguinte: a prática pedagógica de cada um é *única* e *intransferível*. Precisa ser analisada não só nas suas ocorrências e recorrências, mas na sua *trajetória de vida* que *também* é *única*. Nesse sentido, existe um *próprio* tipo de *pensar a prática* que é particular de *cada um* e de *compreender* a *didática*.

Entretanto, essa experiência particular quando *analisada* e *compartilhada* suscita a compreensão de aspectos obscuros, não descritos das práticas individuais. Esse processo é *lento*, exige *cuidado, critério* e *paciência*, entretanto, é a única possibilidade de garantia da construção de uma prática e de uma didática transformadora, interdisciplinar, pois gradativamente *permite* desvelar os aspectos *teóricos* e práticos ainda não explicitados, que mereciam ser mais bem pesquisados e considerados.

Em último lugar, nossa reflexão encaminha-nos para a necessidade de uma ação conjunta, integrada e interdisciplinar para a melhoria do trabalho educativo na escola.

Executar uma tarefa *interdisciplinar* pressupõe antes de mais nada um ato de *perceber-se* interdisciplinar.

Há três anos, coordenando um grupo de estudos sobre interdisciplinaridade na PUC/São Paulo, venho constatando a evolução gradual de seus participantes, não só no sentido de tentar compreender as implicações teórico-práticas de um trabalho interdisciplinar, como de vivê-lo em todas as suas contradições. Muitos textos foram indicados para subsidiar um *pensar interdisciplinar*; entretanto, são ainda poucos, diante da complexidade do fenômeno estudado, que exige uma busca maior dos aspectos teóricos a ele relacionados. Aquele que se aventura a empreender esse caminho precisa antes de mais nada assumir um sério compromisso com a *erudição*; e com a erudição em múltiplas direções. *Buscar* o *conhecimento*, uma das *atitudes* básicas a serem desenvolvidas em quem pretende empreender um projeto interdisciplinar, só pode ser entendido no seu exercício efetivo.

É às vezes na perseverança de alguém em tentar recorrer a outras fontes do conhecimento para compreender a complexidade de um *texto teórico* ou de um *problema* surgido na *prática*, que o indivíduo consegue perceber-se interdisciplinar. É no grau de *envolvimento* que o problema o conduz, na forma *aberta* como se dispõe a discuti-lo ou na paciência da *espera* para compreender facetas insuspeitadas de ângulos ainda por conhecer que o indivíduo consegue perceber-se interdisciplinar.

É também na capacidade de explicitar as finalidades de um projeto, da habilidade que adquire no *dizer* e no *ouvir*, que isso também se apresenta.

Mas a aventura maior de perceber-se interdisciplinar revela-se também no *cuidado* e no *critério* da escolha dos caminhos a serem percorridos na execução de um projeto de trabalho. Entretanto, perceber-se interdisciplinar é sobretudo acreditar que o outro também pode *ser* ou *tornar-se* interdisciplinar.

A construção de uma didática interdisciplinar pressupõe antes de mais nada a questão de *perceber-se interdisciplinar*. Na medida em que se pare para observar os aspectos que você já caminhou, fica mais fácil perceber a necessidade de caminhar em aspectos ainda duvidosos, seja no *pensar* seja no *fazer* a didática.

Nesse sentido, o processo de passagem de uma didática tradicional para uma *didática transformadora, interdisciplinar* supõe uma *revisão* dos aspectos cotidianamente trabalhados pelo professor. Melhor dizendo, é na forma como esses aspectos são *revistos* que se inicia o processo de *ingresso* a uma didática interdisciplinar.

Um processo de *intervenção*, seja na escola de 1º grau, 2º grau ou superior, que não saiba partir do que já existe, que procure *romper* com o passado de práticas já consolidadas, que *desorganize* o que está *organizado*, que desconsidere os *conteúdos* tradicionalmente trabalhados tende rapidamente à falência, pois rompe com o movimento natural da história.

A construção de uma didática interdisciplinar baseia-se na possibilidade da efetivação de *trocas intersubjetivas*. Nesse sentido, o papel e a postura do profissional de ensino que procure promover qualquer tipo de intervenção junto aos professores, tendo em vista a construção de uma didática transformadora ou interdisciplinar, deverão *promover* essa possibilidade de *trocas*, estimular o *autoconhecimento* sobre a prática de cada um e contribuir para a ampliação da leitura de aspectos não desvendados das práticas cotidianas.

7
A CONSTRUÇÃO DE FUNDAMENTOS A PARTIR DE UMA PRÁTICA DOCENTE INTERDISCIPLINAR*

Sob o título de: Interdisciplinaridade — Um projeto em parceria, defendemos recentemente uma tese de livre-docência na Unesp. Nossa intenção aqui será retirarmos dela a explicitação dos *fundamentos* de uma prática docente interdisciplinar.

Os aspectos aqui elencados nasceram de uma síntese — resultado do diálogo que empreendemos com as pesquisas que elaboramos. Esse diálogo ocorreu a partir de uma releitura de nossas principais produções escritas, no sentido de retirar delas os fundamentos para a compreensão de uma prática docente interdisciplinar.

O primeiro fundamento encontra-se justamente nesse movimento *dialético* que tem percorrido cada item do nosso trabalho e das nossas pesquisas que acreditamos próprio de uma

---

* Adaptação de artigo publicado na *Revista Ande*, nº 19, 1993.

atitude interdisciplinar[1] — rever o velho para torná-lo novo ou tornar novo o velho. Partimos da afirmação de que o velho sempre pode tornar-se novo, e de que em todo o novo existe algo de velho. Novo e velho — faces da mesma moeda — depende da óptica de quem a lê, da atitude disciplinar ou interdisciplinar de quem a examina.

O movimento dialético a que nos referimos, próprio de uma abordagem interdisciplinar, está no fato de havermos, todo o tempo, realizado o exercício de dialogar com nossas próprias produções, com o propósito de extrair desse diálogo novos indicadores, novos pressupostos que nelas ainda não se haviam dado a revelar.

Queremos dizer com isso da importância de se considerar o caráter teórico-prático ou prático-teórico de uma produção interdisciplinar, no sentido de que esse movimento dialético poderá ensejar o desdobramento de muitos de seus itens e a proposição de sínteses que provocarão o surgimento de outras tantas sínteses.

Em nossa prática docente, muitas são as experiências que nos deram alegria ou satisfação de um trabalho bem-realizado. Porém, nunca paramos para revê-las, revisitá-las. O legado que essa tese de livre-docência me deixou é que nunca devemos desprezar as experiências vividas — elas constituem-se na possibilidade da inovação, da revisão e da análise interdisciplinar. Outra conclusão obtida refere-se a uma mania minha de registrar minhas experiências. Hoje penso que é uma boa mania, pois esses registros me possibilitaram reorganizar o caminho percorrido.

O registro das experiências vividas pode gerar novas perspectivas, depende do exercício interdisciplinar de captar delas o movimento dialético e contraditório que elas encerram.

---

1. Entendemos por atitude interdisciplinar, uma atitude diante de alternativas para conhecer mais e melhor; atitude de espera ante os atos consumados, atitude de reciprocidade que impele à troca, que impele ao diálogo — ao diálogo com pares idênticos, com pares anônimos ou consigo mesmo — atitude de humildade diante da limitação do próprio saber, atitude de perplexidade ante a possibilidade de desvendar novos saberes, atitude de desafio — desafio perante o novo, desafio em redimensionar o velho — atitude de envolvimento e comprometimento com os projetos e com as pessoas neles envolvidas, atitude, pois, de compromisso em construir sempre da melhor forma possível, atitude de responsabilidade, mas, sobretudo, de alegria, de revelação, de encontro, enfim, de vida.

O segundo fundamento analisado decorre do recurso básico utilizado na análise dos nossos trabalhos — o da memória. Dupla forma de memória. A memória-registro escrita e feita em livros, artigos, resenhas, sinopses, comunicados, anotações de aulas, resumos de cursos e palestras. E a memória vivida e refeita no diálogo com todos esses trabalhos registrados e com tudo o mais que no processo empreendido pudemos nessa tese contemplar.

O recurso utilizado — memória — tem sido fundamental, na medida em que permite desenhar um quadro já vivido, em outras cores, em outros contornos e formas, pois a memória quando desenha um quadro já vivido sempre o faz de maneira diferente. Diferente porque já impregnado por um crivo, por uma seleção — que se não garante a precisão da objetividade, garante a riqueza da subjetividade que, igualmente, é fidedigna e indicadora de validez. Fidedigna e indicadora de validez porque substitui o propósito de precisão por outro propósito: o de selecionar do quadro aquilo que mais marcou, aquilo que foi, ou que parece ter sido mais significativo a ponto de se tornar inesquecível e inesgotável. Inesgotável porque ao recuperar o vivido de forma diferente da que foi vivida torna o ontem em hoje, ao mesmo tempo e no mesmo espaço, com perspectiva de amanhã. Movimento próprio de toda e qualquer produção de conhecimento. Movimento dialético próprio de um projeto interdisciplinar (ainda que não exclusivo).

Queremos dizer com isso da importância de se considerar o recurso da memória como possibilidade de releitura crítica e multiperspectival de fatos ocorridos nas práticas docentes.

A memória, entretanto, precisa ser exercitada. Em todos os nossos trabalhos, esse exercício tem sido muito interessante, na medida em que ousamos ser sujeito e objeto das nossas principais produções, e na medida em que induzimos ou convidamos nossos orientandos a exercerem essa aventura de reativar a memória das antigas e marcantes produções.

A revisão e releitura crítica de aspectos retidos na memória têm se constituído em excelente material de pesquisa, e na forma por excelência da revisão das práticas docentes.

O terceiro fundamento encontrado em nossas pesquisas decorre do próprio tema escolhido para o desenvolvimento de minha tese de livre-docência — a parceria —, fundamento este nascido das inúmeras coletâneas que produzi em todos esses anos. Com essa categoria de análise procurei rever aspectos imanentes ao senso comum, que à luz das categorias pontuadas nos trabalhos puderam ser revistos e reeditados em novas concepções teóricas.

A parceria, presente em nossas coletâneas, é categoria mestra dos trabalhos interdisciplinares. Foi evidenciada a cada frase, em cada período, em todo e qualquer parágrafo, mesmo quando não revelada: ausente presença. A parceria configurou-se de forma tão marcante que sua expressão revestiu-se de múltiplos aspectos que, de tantos e tão complexos, tornam-se impossíveis de serem explicitados, a não ser por uma simplificação da linguagem, que poderia entre outras tantas ser traduzida como *mania*. Mania de quê? Mania de compartilhar falas, compartilhar espaços, compartilhar presenças. Mania de dividir e, no mesmo movimento, multiplicar, mania de subtrair para, no mesmo tempo, adicionar, que, em outras palavras seria separar para, ao mesmo tempo, juntar. Mania de ver no todo a parte ou o inverso — de ver na parte o todo.

Mania de ver a teoria na prática e a prática na teoria. Mania de ver possibilidade na utopia e utopia na possibilidade. Mania de tornar o uno em múltiplo e o múltiplo em uno e de tornar o anônimo em identidade e a identidade em novo anônimo.

Mania de periodizar só para fazer história.

Mania que é postura de sempre pretender a produção em parceria.

A *parceria*, portanto, pode constituir-se em fundamento de uma proposta interdisciplinar, se considerarmos que nenhuma forma de conhecimento é em si mesma racional. A *parceria* consiste numa tentativa de incitar o diálogo com outras formas de conhecimento a que não estamos habituados, e nessa tentativa a possibilidade de interpenetração delas.

A necessidade de parceria, num projeto interdisciplinar, surge sempre de uma necessidade de troca, embora em certos casos possa iniciar-se até de uma insegurança inicial em desenvolver um trabalho interdisciplinar.

A parceria surge também da solidão dos profissionais em relação às instituições que habitam; solidão essa que vem sendo constatada em nossas pesquisas como uma constante entre os profissionais que já assumiram uma atitude interdisciplinar.

A parceria, pois, como fundamento da interdisciplinaridade surge quase como condição de sobrevivência do conhecimento educacional. Na medida em que acreditamos que o educador precisa estar sempre se apropriando de novos e múltiplos conhecimentos, verificamos que o tempo para isso é curto, assim como curta é a vida. A vida, entretanto, prolonga-se na confluência das outras tantas vidas, que também são curtas, que também são breves, mas que na sua confluência podem se alongar, se eternizar.

A parceria seria, por assim dizer, a possibilidade de consolidação da intersubjetividade — a possibilidade de que um pensar venha a se complementar no outro. A produção em parceria, quando revestida do rigor, da autenticidade e do compromisso amplia a possibilidade de execução de um projeto interdisciplinar. Ela consolida, alimenta, registra e enaltece as boas produções na área da educação.

O que nosso trabalho tem revelado é que, quer queiramos ou não, nós educadores sempre somos parceiros; parceiros dos teóricos que lemos, parceiros de outros educadores que lutam por uma educação melhor, parceiros dos nossos alunos, na tentativa da construção de um conhecimento mais elaborado.

O fato é que nem sempre nos damos conta dessas parcerias. O sentido de um trabalho interdisciplinar estaria na compreensão e na intencionalidade da efetivação de novas e melhores parcerias.

O quarto fundamento que propusemos analisar surgiu da nossa própria prática docente e das pesquisas aqui analisadas — o perfil de uma sala de aula interdisciplinar. Tentaremos elucidar o significado da mesma.

A sala de aula é o lugar onde a interdisciplinaridade habita. Em nossas pesquisas verificamos que o elemento que diferencia uma sala de aula interdisciplinar de outra não interdisciplinar é a ordem e o rigor travestidos de uma nova ordem e de um novo rigor.

Assim sendo, a avaliação numa sala de aula interdisciplinar acaba por transgredir todas as regras de controle costumeiro utilizadas.

Numa sala de aula interdisciplinar a autoridade é conquistada, enquanto na outra é simplesmente outorgada. Numa sala de aula interdisciplinar a obrigação é alternada pela satisfação; a arrogância, pela humildade; a solidão, pela cooperação; a especialização, pela generalidade; o grupo homogêneo, pelo heterogêneo; a reprodução, pela produção do conhecimento.

Outro aspecto analisado é que numa sala de aula interdisciplinar existe sempre um ritual de encontro no início, no meio e no fim.

Finalmente, outro aspecto presente em todas as pesquisas sobre interdisciplinaridade e ensino aqui descritas: numa sala de aula interdisciplinar todos se percebem e gradativamente se tornam parceiros e que nela a interdisciplinaridade pode ser aprendida e pode ser ensinada, o que pressupõe um ato de perceber-se interdisciplinar.

Uma sala de aula interdisciplinar difere da comum desde a organização do espaço arquitetônico à organização do tempo.

Num trabalho interdisciplinar é fundamental rever-se os quatro elementos fundamentais de uma sala de aula: espaço, tempo, disciplina e avaliação — mantendo certos aspectos de rotina e transgredindo outros em direção a audácias maiores.

Como quinto fundamento, apreendido da revisita às nossas mais caras pesquisas, desejamos salientar alguns aspectos nos quais se alicerçam e se desenvolvem os projetos interdisciplinares.

A primeira das evidências, constatada após múltiplas observações, descrições e análises de projetos interdisciplinares em ação, é de que a premissa que mais fundamentalmente predomina é a do respeito ao modo de ser de cada um, ao caminho que cada um empreende em busca de sua autonomia — portanto, concluímos que a interdisciplinaridade decorre mais do encontro entre indivíduos do que entre disciplinas.

86

Outra característica observada é que o projeto interdisciplinar surge às vezes de um que já possui desenvolvida a atitude interdisciplinar e se contamina para os outros e para o grupo.

Para a realização de um projeto interdisciplinar existe a necessidade de um projeto inicial que seja suficientemente claro, coerente e detalhado, a fim de que as pessoas nele envolvidas sintam o desejo de fazer parte dele.

A próxima constatação nos remete à questão de que um projeto interdisciplinar pressupõe a presença de projetos pessoais de vida; e que o processo de desvelamento de um projeto pessoal de vida é *lento*, exige uma *espera* adequada.

Nos projetos interdisciplinares pesquisados encontramos pontos comuns nos itinerários (pessoais) de vida, que de certa forma também estão presentes no inconsciente coletivo do grupo.

Como constatação final a respeito desse fundamento, nossas pesquisas revelaram que pelo próprio pressuposto de que o conhecimento interdisciplinar busca a totalidade do conhecimento, respeitando-se a especificidade das disciplinas, a escolha de uma bibliografia num projeto interdisciplinar é sempre provisória, nunca definitiva.

O *projeto*, a *intencionalidade*, o *rigor* características fundamentais de uma forma de pensar e de agir interdisciplinares, infelizmente em muitos casos, têm sido substituídas pela improvisação e pelo *non sense*.

O que com isso queremos dizer é que um projeto realmente interdisciplinar, não de *nome*, mas de *intenção*, alicerça-se em pressupostos epistemológicos e metodológicos que são periodicamente revisitados. O modismo da interdisciplinaridade, como novamente enfatizamos, reveste-se de muita improvisação e muita acomodação. Essa falta de seriedade tem conduzido esses projetos interdisciplinares a um esfacelamento do conhecimento, e à falência de certas escolas e instituições.

Justamente pela importância a ele conferido, nosso último fundamento refere-se à possibilidade de efetivação de pesquisas interdisciplinares.

Considerando já como pressuposto em nossos estudos que uma atitude interdisciplinar se identifica pela ousadia da busca, da pesquisa, da transformação, temos constatado que nos projetos realmente interdisciplinares encontramos como caminho constante o pensar, o questionar e o construir. Assim sendo, os projetos interdisciplinares, em nível de universidade, têm procurado na busca de superação da dicotomia ensino/pesquisa transformar as salas de aula dos cursos de graduação em locais de pesquisa, e não esperar que a pesquisa fique reservada apenas à pós-graduação.

Aprender a pesquisar, fazendo pesquisa, é próprio de uma educação interdisciplinar, que, segundo nossos dados, deveria se iniciar desde a pré-escola.

Uma das possibilidades de execução de um projeto interdisciplinar na universidade é a pesquisa coletiva, em que exista uma pesquisa nuclear que catalise as preocupações dos diferentes pesquisadores, e pesquisas-satélites em que cada um possa ter o seu pensar individual e solitário.

Na pesquisa interdisciplinar, está a possibilidade de que cada pesquisador possa revelar a sua própria potencialidade, a sua própria competência.

Fazer pesquisa numa perspectiva interdisciplinar é a possibilidade de buscar a construção coletiva de um novo conhecimento, prático ou teórico, para os problemas da educação. Não é, em nenhuma hipótese, privilégio apenas dos doutores ou livres-docentes das universidades.

Pesquisar as práticas particulares (as práticas de cada um) num contexto coletivo torna-as mais que geradoras de opinião — transforma-as em fundamentos do saber.

A pesquisa interdisciplinar permite o desvelamento do percurso teórico pessoal de cada pesquisador que se aventurou a tratar das questões de educação, portanto admite a presença de inúmeras teorizações, o que inviabiliza a construção de uma única, absoluta e geral teoria da interdisciplinaridade.

Esses seis fundamentos aqui enumerados foram retirados de nosso exercício de vida em teorizar a interdisciplinaridade na educação. Neles, tentamos sintetizar aspectos teóricos e práticos cuidadosamente revistos. Optamos por uma simplificação de linguagem no tratamento de alguns aspectos teóricos de ordem filosófica e metodológica, na tentativa de aproximá-los mais a um fazer na educação, embora tenhamos a certeza de que a interdisciplinaridade tende a se converter em um dos dados teóricos mais importantes da contemporaneidade que permitirá compreender os processos elementares do desenvolvimento tecnológico atual, assim como a relação desse desenvolvimento com o desenvolvimento social.

Muito temos visto, encontrado escrito sobre interdisciplinaridade, porém, muito poucos têm ousado escrever sobre interdisciplinaridade na educação. Acreditamos que estudos dessa natureza possam gerar novos tipos de investigação e novas idéias; entretanto, estamos conscientes de que o avanço interdisciplinar depende do progresso das próprias disciplinas.

Para nós, interdisciplinaridade é mais que o sintoma de emanações de uma nova tendência em nossa civilização. É o signo das preferências pela decisão informada, apoiada em visões tecnicamente fundadas, no desejo de decidir a partir de cenários construídos sobre conhecimentos precisos.

Interdisciplinaridade não é categoria de conhecimento, mas de *ação*. Seria, parodiando Platão em sua definição de arte política na sua teoria idealista do Estado, a *arte* do *tecido* que nunca deixa que se estabeleça o divórcio entre os diferentes elementos. A ação política assegurada contra a irrepreensível contingência do real.

8
A CONSTRUÇÃO DE UMA ALFABETIZAÇÃO INTERDISCIPLINAR — ENSAIO*

Interdisciplinaridade é uma exigência natural e interna das ciências, no sentido de uma melhor compreensão da realidade que elas nos fazem conhecer. Impõe-se tanto à formação do homem como às necessidades de ação, principalmente do educador.

Essa compreensão da realidade numa busca de interdisciplinaridade nas questões de alfabetização pressupõe um comprometimento com a *totalidade*, isto é, quando se pensa na construção de um projeto interdisciplinar para a alfabetização, é necessário pensar-se na possibilidade de traçar uma linha de demarcação entre as pretensões ideológicas e a realidade de que é sintoma.

Ao dizermos pretensões ideológicas, estamos nos referindo a certos "modismos" que de repente invadem nossas propostas educacionais, a certos paradigmas às vezes traçados para a alfabetização que acabam por dar a impressão ao professor de que a forma pela qual ele alfabetiza é retrógrada, errônea e precisa ser totalmente reformu-

---

* Redigido em 1984 como texto articulador de uma conferência.

91

lada, na contingência de que *não* o sendo causará danos irreversíveis ao futuro aprendizado da criança. Nesse sentido, esse professor-alfabetizador, a cada modelo que chega, vê traçado seu "perfil de incompetência", torna-se um "navegador sem bússola", em que o seu cotidiano, às vezes bem-sucedido, deixa de ter sentido. Iludido por um novo paradigma sente-se muitas vezes desestimulado a repensar sua prática, pois muitas vezes não lhe é explicado nem o *como*, nem o *para quê. Atônito, perplexo ante a perspectiva de mudança, nosso navegador* torna-se um "náufrago sem rumo", podendo, muitas vezes, *afogar-se*, e com ele, todo o barco que conduz (seus alunos e sua sala de aula).

A análise do trabalho de alfabetização que já vem sendo executado é, pois, o primeiro pressuposto para pensar-se num *projeto interdisciplinar* para a alfabetização, pois o mesmo precisa alicerçar-se no *envolvimento*, no *engajamento* do professor, e não existe envolvimento de imediato; é um processo demorado, construído a partir de sucessivos questionamentos à prática efetiva.

O projeto interdisciplinar parte da *dúvida*, da pergunta, das indagações, do diálogo, da *troca*, da reciprocidade. Iniciando-se por questionar quem é esse professor-alfabetizador, surge a oportunidade de questionar-se a qualidade de seu trabalho, como poderia fazer para melhorá-lo, que recursos, técnicas ou teorias têm sido desenvolvidos para que a alfabetização possa realizar-se mais plenamente.

O professor-alfabetizador, muitas vezes, desconhece o fato de existirem estudos que explicam o porquê de algumas crianças aprenderem mais lentamente do que outras, de medidas a serem tomadas com essas crianças "denominadas lentas", ou ainda, de como prosseguir com os que caminham mais rapidamente.

Outra questão diretamente ligada às relações entre interdisciplinaridade e alfabetização é a *questão da formação* do *professor-alfabetizador*.

O professor-alfabetizador foi, em sua maioria, alfabetizado numa prática positivista, em que um método era sugerido, em geral, sintético, analítico, silábico ou global, com um instrumento único para todas as classes, *uma cartilha*, em que os passos da mesma eram rigorosamente seguidos.

Essa marca em seu processo de alfabetização faz parte constitutiva de sua memória, e não pode ser apagada facilmente tal como alguns teóricos da alfabetização acreditam, principalmente quando ela foi reforçada no Curso Normal, ou em outros cursos em que foi tratada a questão da alfabetização segundo as técnicas enunciadas.

Num projeto interdisciplinar, o resgate desse momento em que o professor foi alfabetizado torna-se fundamental para seu trabalho com os *alunos*. Um espaço para ele dizer *as marcas* advindas do mesmo possibilitará uma reconstrução histórica de seu itinerário na apreensão da leitura e da escrita, e revelará inclusive as *causas* de ele ser hoje um *bom* ou mau *leitor*, ou um *bom* ou mau escritor (no sentido de verificar sua facilidade ou dificuldade) no domínio da língua escrita ou falada.

Os atuais estudos sobre a *linguagem* do ponto de vista *psicológico, linguístico* ou *sociológico* contribuíram fundamentalmente para a compreensão do significado da alfabetização e de como ela se processa.

A ideologia da *deficiência cultural* foi superada pelos teóricos, principalmente pelos estudiosos da sociolinguística que passaram a considerar as então chamadas deficiências como diferenças. Nesse sentido, um avanço na compreensão do fracasso escolar, já que a questão da língua e a do dialeto falado dependem do meio em que a criança vive, e que a escola em vez de tentar apagar essa marca de origem deve procurar fazer bom uso dela — isso não significando que aprender a norma culta também não seja importante, mas que as duas formas de linguagem são igualmente representativas, se quisermos desenvolver o gosto pela leitura (dos textos e do mundo).

Esse avanço deveu-se sobretudo ao contato com estudos na *antropologia*, que demonstraram que a questão da língua se liga, antes de mais nada, ao lugar e ao grupo étnico e social a que o indivíduo pertence e que as diferenças linguísticas são diferenças, sobretudo, decorrentes dele. Assim sendo, podemos por exemplo encontrar crianças retratando o seu universo, a sua realidade, de uma forma mais concreta ou abstrata, dependendo a mesma de suas vivências. As crianças provenientes de um meio cultural letrado possuem um nível de abstração maior, o que não significa que sejam mais criativas, originais ou com raciocínio mais bem desenvolvido.

O acesso do educador ao conhecimento teoricamente produzido permite que ele passe a ter um conhecimento diferenciado da realidade educacional, que é múltipla em sua origem, portanto, interdisciplinar. Não existem fórmulas mágicas para alfabetizar melhor. *Perguntar, pesquisar* e *aprender* com as diferentes ciências é tarefa que se impõe ao professor-alfabetizador. Apreender diferentes instrumentais fará parte de seu cotidiano. A mágica estará no adequar o instrumento correto ao momento certo.

Tratando ainda das relações entre interdisciplinaridade e alfabetização, precisamos discutir a questão do papel da instituição num processo interdisciplinar. Numa mesma instituição temos professores com diferentes práticas. Se a instituição propicia espaço, tempo e incentivo ao diálogo, é possível ao professor aprender com seus colegas. Muitas vezes, a solução de um problema, que para ele é difícil ou até mesmo insolúvel, torna-se simples, quando se estabelece a troca com o outro.

Em nossas instituições escolares, infelizmente, encontramos muros, paredes intransponíveis — as das salas de aula. Ninguém, a não ser o professor e seus alunos, acaba por saber o que lá ocorre, pois a coordenação pedagógica na maior parte das vezes chega somente até o *limite* das mesmas.

Em nome do *respeito* à individualidade do trabalho do professor, muitas vezes o tornamos "prisioneiro de sua solidão". A questão interdisciplinar não se resolve na *invasão da sala de aula*, ou no *policiamento do trabalho do professor,* pelo contrário, isso iria *contra* toda a proposta de *abertura* e de *reciprocidade* a que a questão da interdisciplinaridade estaria vinculada.

O pressuposto básico para o desenvolvimento da interdisciplinaridade é a *comunicação*, e a comunicação envolve sobretudo *participação*. A participação individual (do professor) só será garantida na medida em que a instituição (escola) compreender que o espaço para a "troca " é fundamental.

Como último ponto para reflexão, gostaríamos de lembrar que a alfabetização não termina com o domínio dos rudimentos da leitura e da escrita. É algo que acompanha o indivíduo por toda a vida. Inicia-se num primeiro olhar para as coisas do mundo, pela primeira pergunta realizada. O ver mais e melhor e o duvidar para poder questionar precisam acompanhar sempre esse adulto que por circunstâncias especiais tornou-se alfabetizador.

9
A CONSTRUÇÃO DE UM PROJETO FUNDAMENTADO NA PESQUISA

Pode parecer paradoxal que projetos sobre interdisciplinaridade nasçam de disciplinas. Entretanto, a literatura temática está plena desses exemplos – o nosso é mais um deles – nascidos de disciplinas, porém de disciplinas especiais. Aparentemente comuns, denominavam-se prática pedagógica e metodologia do ensino – consideradas pouco nobres nos cursos de formação de professores. Trabalhei dez anos com elas, no curso de Pedagogia.

Foram dez anos discutindo e pesquisando as questões da prática pedagógica, seus obstáculos e suas possibilidades, sempre pensando nela como um momento de síntese, no qual os aspectos teóricos se reformulam e se estruturam. Após essa experiência passo a trabalhar na pós-graduação. Levo para lá as mesmas preocupações: proporcionar condições para que os alunos possam analisar e fundamentar métodos e práticas do ensino de 1º grau; pesquisar as bases teóricas fundamentais da atitude do professor, diante de seus alunos e do conteúdo que esse professor desenvolve.

Desta forma o encaminhamento dos estudos, inicialmente, conduziu-nos à explicitação das relações existentes entre teoria, prática e didática. As relações nasciam das questões levantadas pelos alunos em seu próprio cotidiano escolar. A problemática estabelecida centrava-se nas áreas do núcleo comum da escola de 1º grau. Comunicação e expressão, estudos sociais, matemática e ciências, um cotidiano naquela época, 1986, muito pouco pesquisado.

À medida que as questões iam sendo colocadas, toda uma bibliografia de apoio, para cada uma dessas áreas, foi sendo levantada. Bibliografia, a mais atualizada, repleta de textos ainda não publicados, que suscitava cada vez mais nos alunos a inquietação pelos estudos do cotidiano escolar. Da leitura do autor que trabalha com questões do cotidiano, esse foi o nosso movimento inicial. Assim é que convidei para participar do nosso debate: Heloísa D. Penteado, Myriam Krasilchick, Nilson José Machado, Sonia Penin, Terezinha Rios, Marli André,[1] entre outros.

As discussões próprias desse tipo de trabalho encaminharam o grupo para uma nova pergunta: Quais as implicações teóricas de uma pesquisa do cotidiano que tenta abarcar disciplinas de origem tão heterogênea quanto as do cotidiano escolar? De tudo o que já havíamos pesquisado sobre a interdisciplinaridade, a questão da pesquisa da própria prática ainda estava por ser explicitada. Inicio então, com o grupo, o estudo de metodologias de pesquisa que pudessem nos conduzir à construção de uma teorização maior, a uma teoria da educação cujos pressupostos se alicerçassem na interdisciplinaridade. Penso que este primeiro semestre, desta longa trajetória, deu-me a dimensão, embora incipiente, da abrangência do caminho a seguir.

Segundo semestre de 1987. Iniciam-se as atividades do semestre e para minha surpresa os sete alunos do semestre anterior estão, novamente, em minha sala de aula. Qual o significado da permanência? Talvez o fato de já estarem apaixonados pela ideia de pesquisar práticas pedagógicas numa dimensão maior e nova de pesquisa.

---

1. Os textos organizados para as falas na sala de aula, somados aos produzidos pelos alunos, nesse momento, deram origem ao Caderno Cedes nº 21, intitulado *Encontros e desencontros da didática e da prática de ensino*, por mim organizado e publicado pela Cortez Editora.

98

Às dúvidas iniciais, outras tantas se somavam: Quais seriam as temáticas possíveis de serem trabalhadas, nessa diferenciada forma de pesquisa? A possibilidade, mais uma vez, anunciava-se numa perspectiva interdisciplinar.

O caminho percorrido entretanto era o da disciplinaridade. Numa tentativa de determinar a especificidade e o valor de cada disciplina da escola de 1º grau, discutiu-se, em nível teórico, a hipotética gênese de suas estruturas e a intencionalidade de seu papel na estrutura curricular existente. Esse exercício de disciplinaridade foi profundo e possibilitou-nos entender, com maior certeza, ser a interdisciplinaridade muito mais do que uma simples integração de conteúdos, tal como nossos estudos anteriores sobre legislação de ensino já denunciavam.

Primeiro semestre de 1988. As questões estruturais discutidas no semestre anterior conduzem o grupo – que já se havia ampliado para dez alunos – a investigar o significado das inter-relações existentes entre as estruturas básicas das disciplinas, sempre no sentido de compreender e fundamentar os aspectos que dificultam a realização do trabalho docente. Compreender e indicar caminhos para a superação dessas dificuldades significa também escolher as melhores alternativas. Todos os componentes do grupo estavam trabalhando na construção de uma utopia educacional. A escolha desses caminhos solidifica no grupo a crença coletiva nas práticas individuais e a descoberta incipiente da grandiosidade de certos momentos vividos, na história de vida de alguns dos seus participantes; histórias que a memória adormecida havia se incumbido de apagar.

Apesar de partirmos da prática pedagógica, o curso procurava, numa relação dialética, subsidiar-nos de aspectos teóricos que permitissem uma volta a ela mesma, redefinindo-a. Das necessidades evidenciadas no processo analítico dessas práticas começam a se esboçar as categorias teóricas de estudos que dariam sentido a essa teoria interdisciplinar emergente. Entretanto, muitos foram os bloqueios a serem vencidos. Em primeiro lugar esbarramos com as limitações na formação dos nossos alunos, pois as práticas a serem pesquisadas solicitavam estudos em domínios do conhecimento pouco explorados pelo educador, tais como, por exemplo, o da psicologia analítica, ou outros domínios, já consagrados, porém visitados de forma superficial e ainda grosseira. O grupo precisava adquirir erudição à altura das pesquisas que abraçava. Fazia-se necessário o concurso de profissionais especialistas em diferentes campos do saber, não apenas para neles nos introduzirmos como para aprendermos a retirar desses achados teóricos luzes para iluminar nosso itinerário de pesquisa. A questão da imersão do educador em outros campos do conhecimento é árdua. Mesmo quando alguém decide enfrentar esse desafio, seu trabalho é pontilhado por restrições e dúvidas quanto ao estabelecimento de relações entre as conclusões chegadas pelos novos enfoques e as emergentes em salas de aula. Nossos alunos não têm o hábito de pesquisar novos saberes, falha em seu processo curricular de formação. Como interessá-los por temáticas novas, tais que, por exemplo a psicologia analítica, temática próxima a nós. Houve então, paralelamente, todo um trabalho realizado com esses alunos na decodificação e abertura de portas a esse estranho mundo pouco habitado pelos educadores – o do *inconsciente*. Esse exercício vivenciado em relação à psicologia analítica posteriormente foi ampliado para outros domínios do conhecimento. Os recursos dos quais me servi foram aulas expositivas, palestras, mesas-redondas, técnicas de sensibilização e mobilização, organização de seminários – tudo isso tendo como palco, as relações entre "interdisciplinaridade e prática pedagógica".[2] Vive-se a dicotomia teoria/prática na sua maior contradição. Um processo de redescoberta interior de outras categorias vai permitindo ao pesquisador alçar seu próprio rumo; categorias como utopia, liberdade, identidade, linguagem, totalidade vão sendo levantadas.

Segundo semestre de 1988. Alguns alunos se vão, com dissertações defendidas. Orientandos de outros colegas — discípulos que adquiri pelo caminho, porque nem sempre a orientação formal é aquela que mais conta num processo de pesquisa interdisciplinar. Outros permanecem e o desafio agora é enfrentarmos juntos o aprofundamento dessas categorias, incipientemente levantadas no semestre anterior.

---

2. Essa foi a denominação da disciplina que desenvolvemos nesse semestre.

100

Os estudos preliminares sobre linguagem e identidade nos haviam conduzido ao estudo das representações das práticas vividas, mas o que realmente tentávamos compreender era algo a mais, ou seja, as bases teóricas para uma nova pedagogia, aquela que chamávamos, já em 1979,[3] de pedagogia da comunicação — diretriz maior para a construção de uma teoria da interdisciplinaridade. Que elementos seriam necessários para a compreensão desse processo de busca da comunicação? Que elementos subsidiariam nosso curso, neste semestre, denominado interdisciplinaridade e comunicação? Aprofundamos, então, as relações entre linguagem e identidade, não simplesmente para uma compreensão teórica e reflexiva, mas como substrato à interpretação de depoimentos e falas, circunstanciando-as nas histórias de vida de seus agentes. Servimo-nos, para tal, de textos como *A fala* de Georges Gusdorf e *Teoria das interpretações* de Paul Ricoeur. Iniciamos uma discussão sobre identidade a partir dos textos organizados e divulgados nos Cadernos PUC nº 20, e de toda a produção a respeito da questão Identidade, resultante nesse importante trabalho. Esses estudos nos conduziram a outro foco de discussão: histórias de vida; iniciamos nossos estudos com textos escritos por Maria Isaura P. Queiroz e Zeila Demartini.

Chegamos ao final do semestre com um desejo coletivo expresso pelo grupo: a produção de um texto que consistisse no exercício de interpretação de depoimentos, falas e histórias de vida dos próprios componentes dele, que fossem marcados pela identidade de seus autores. Surgem os primeiros esboços, mas eles ainda eram inconsistentes. Dupla forma de inconsistência: teórica e formal. Sentíamos a precariedade da formação de um aluno da pós-graduação que se aventura ao primeiro exercício de escrita, da análise, da pesquisa.[4]

Primeiro semestre de 1989. O que aprofundar a partir destes estudos sobre comunicação? Decidimos que nos aventuraríamos a viver as contradições da comunicação, como teoria, produzindo uma coletânea que fosse representativa de alguns momentos interdiscipli-

---

3. Vide Ivani C.A. Fazenda, *Integração e interdisciplinaridade no ensino brasileiro: Efetividade ou ideologia?*
4. Vide "Dificuldades comuns encontradas entre os que pesquisam em educação", *in* Ivani C.A. Fazenda, *Metodologia da pesquisa educacional.*

nares narrados pelos componentes do grupo, num processo de catarse oral de suas vidas profissionais. O tempo era escasso. Muito a ler e muito a fazer. Dos 22 participantes do grupo, 14 dispuseram-se à dedicação total em termos de tempo para estudo e pesquisa que o projeto — publicação da coletânea — exigia. Para cada prática emergente do discurso oral, uma bibliografia era sugerida. Ao lado desse exercício de imersão teórica no objeto particular de estudos, o grupo, como um todo, aprofundava leituras sobre questões relativas ao conceito de interdisciplinaridade.

O processo de apropriação conceitual ocorreu a partir do seguinte movimento: partimos de uma exegese do conceito de interdisciplinaridade em que o grupo buscou a origem e a essência dessa palavra. Entretanto, a palavra precisava ser entendida no exercício de sua pronúncia: linguagem. O exercício da linguagem é próprio da cultura em que se insere e do sujeito que a efetiva: identidade. O projeto que identifica os sujeitos pertencentes a uma determinada cultura é alimentado por uma perspectiva maior: utopia. Essa utopia só pode ser conhecida na sua polaridade: especificidade/totalidade. Assim, nossa sequência de estudos seguiu a seguinte ordem: com relação às questões da identidade foram lidos todos os trabalhos de Antônio Ciampa; para as questões da linguagem servimo-nos de Alston *A filosofia da linguagem*; Rubem Alves *Linguagem e poder*; Newton Von Zuben *Eclipse do humano* e *Força da palavra*; Whorf, *Language, through and reality*; Paul Ricoeur *A estrutura, a palavra, o acontecimento*. Eram textos curtos porém sintéticos do pensamento de grandes estudiosos da linguagem, suficientemente provocadores para conduzir o grupo à busca de quase uma centena de obras relacionadas às temáticas da linguagem e identidade — desde textos clássicos como os de Simon, Malrieu, Leontiev, Bronckart, Bakhtin, até os de Nicolaci da Costa e Magda Soares. Final do semestre. Encaminho, timidamente, após inúmeras — mais de uma centena — de sucessivas revisões, o texto pronto[5] à Editora.

---

5. *Práticas interdisciplinares na escola* constitui numa coletânea de textos elaborados até então, pelos participantes do Núcleo — Derly Barbosa, Dirce Encarnación Tavares, Ismael Assumpção, João Baptista Winck, Laurizete F. Passos, Leci S. de Moura e Dias, Maria de los Dolores J. Peña, Maria Elisa de M.P. Ferreira, Maria de Fátima Chassot, Marisa Del Cioppo Elias,

Segundo semestre de 1989. O grupo cresce em número. As dissertações produzidas na sala de aula começam a repercutir, inclusive em outras instituições. A USP é uma delas. É o desejo, expresso por todos, de superação das solidões particulares, a que as práticas bem-sucedidas de profissionais competentes conduz. Falta aprofundar questões teóricas tais como utopia, totalidade, teoria, prática. Servimo-nos, dentre muitos outros, de um belíssimo trabalho de tese de Antônio Rufino, sobre o desvelamento do termo utopia, apoiado em Bloch; de um clássico de teoria do conhecimento: *Ler Gramsci* de Grisoni e Maggiori, e também de um dos mais brilhantes textos já escritos sobre a relação teoria e prática — referimo-nos a um mimeografado de Miriam Limoeiro, em que ela trabalha a questão do método dialético na periodização da história. Com esses estudos já tínhamos condições de apreender o esboço de algumas antinomias emergentes numa prática interdisciplinar, ainda não explicitadas, nem em nosso percurso de estudos, nem na teoria sobre educação, convencionalmente pesquisada: objetividade-subjetividade, real-simbólico, disciplina-caos, razão-intuição, pensamento-sentimento, prazer-desprazer.

A repercussão do livro, ainda no prelo,[6] provoca a escrita solitária de mais três alunas que haviam se agregado ao grupo.[7] A qualidade destas suas últimas produções estava em perfeita sintonia com toda a produção anterior — o que nos revela que o exercício da interdisciplinaridade, quando realizado com alto grau de compromisso e envolvimento, consegue angariar adeptos tão discípulos desta forma própria de pensar, quanto outros que há muito tempo a ela já se dedicavam. O que quero dizer com isso é que todo componente ao ingressar nesta forma própria de trabalhar a educação sofre o impacto de encontrar-se com um objeto estranho: o conhecimento em totalidade. Quero dizer mais, que a introdução nessa forma peculiar de pensar e agir exige um esforço imenso, uma dedicação maior, seja na

---

Mercedes A. Berardi, Marina Graziela Feldman, Ruy Cezar do Espírito Santo — e por mim própria.

6. Vide *op. cit.* de Ivani C.A. Fazenda, *Práticas interdisciplinares na escola.*
7. Trata-se de Carla M.A. Fazenda, Miriam Machado e de Regina Bochniak.

superação da distância teórica a ser vencida, seja no rompimento das amarras pessoais a que o conhecimento interdisciplinar conduz.

Interessante é analisar a denominação que a disciplina angariou neste semestre Interdisciplinaridade e currículo. Com ela, tentávamos uma superação das proposições sobre educação que tentam enquadrá-la em paradigmas. A interdisciplinaridade, por sua proposição multiperspectival, aceita e respeita toda e qualquer posição fundamentada, porém, sempre analisando-a em sua provisoriedade. Não se pauta por nenhum paradigma, portanto é essencialmente antiparadigmática.

Atente o leitor para o nível de teorização a que este projeto de curso conduziu; procuramos nos centrar no estudo da categoria-totalidade a partir da crise que vive a ciência hoje, transitando entre a objetividade e a subjetividade, e mais, procuramos analisar como isso pode alterar o projeto pedagógico, em sua essencialidade. Esse é um campo ainda virgem, pouco explorado por quem quiser se dedicar à proposição teórica de um currículo interdisciplinar.

Primeiro semestre de 1990. As exigências do grupo, a partir do aprofundamento teórico trabalhado nos anos anteriores, convergem agora para um tópico especial, até então tratado como pano de fundo: a questão da pesquisa.[8] A primeira indagação é de ordem conceitual; o que significa pesquisa, e como se configuraria o ato de pesquisar. Toda pesquisa surge de uma dúvida, de uma indagação, de um problema. A forma como essa dúvida ou pergunta se elucida é própria de cada pesquisador e inerente ao ato de pesquisar. Caminhos próprios exigem próprios enfoques metodológicos. São tantas as dúvidas, que decidimos organizar o I Seminário de Pesquisa, pensando nas dificuldades advindas da escolha da metodologia a ser utilizada para a elaboração e o desenvolvimento de um projeto de pesquisa. Propunha-me a oferecer condições para que os alunos pudessem conhecer e analisar diferentes linhas de pesquisa educacional e optar pela mais próxima à sua proposta de trabalho. O Seminário teve por objetivo oferecer subsídios à reflexão em diferentes enfoques metodológicos tais como o da pesquisa empírica e os das tendências mais atuais na

---

8. Neste semestre, inclusive, a disciplina recebia esta denominação: Interdisciplinaridade e pesquisa.

104

pesquisa qualitativa. Supunha-se, portanto, a imersão em posturas diversas como a fenomenológica, a etnográfica, a histórica, a documental, a participante, a dialética, a de intervenção etc. Como apreender essa multiplicidade de visões apenas num semestre? A que bibliografia recorrer para que o aluno conseguisse adquirir, ao menos, uma breve síntese da heterogeneidade dos caminhos a seguir? Uma solução encontrada: convidar, para cada enfoque, um eminente especialista que se comprometesse, numa breve síntese, a condensar a súmula de suas mais importantes constatações teóricas e preocupações a respeito de pesquisa. Assim, são convidados Joel Martins, Sérgio Luna, Marli André, Gaudêncio Frigotto, Déa Fenelón, Olinda Noronha, Sílvio Gamboa, Celestino Alves da Silva Júnior, Maria Malta Campos e Elcie Masini. Todas as falas são gravadas, transcritas, retrabalhadas pelos seus autores. Mais um livro é levado à Editora — um livro gestado em nosso grupo — que vem sendo utilizado por outros pesquisadores que enfrentam problemas semelhantes.[9]

O valor deste Seminário seria inegável ou pela simples presença desses profissionais no curso, ou pelo produto obtido através do livro.[10] Penso, porém, que o produto subliminar, a meu ver, mais valioso foi o da possibilidade de exercermos a intermediação entre os discursos dos especialistas e as necessidades particulares de cada membro do grupo. Não basta apenas informar o pesquisador sobre diferentes linhas de pesquisas. A partir dessa experiência vivida, concluo que é necessário auxiliá-lo na leitura de infinitas possibilidades a que cada modalidade de pesquisa conduz, e mais: fazê-lo perceber que, nem sempre, o percurso teórico mais fascinante é o mais condizente com suas exigências imediatas de pesquisa. A isso denominamos exercício da atitude interdisciplinar na pesquisa. Começa a esboçar-se no grupo o fio condutor que dará prosseguimento a uma metodologia da pesquisa interdisciplinar.

A pesquisa quantitativa e a pesquisa qualitativa passam a ser investigadas em seu valor mais fundamental, o antropológico. Nosso seguinte passo seria identificar o sentido de uma investigação antro-

---

9. Cf. Ivani C.A. Fazenda, *Metodologia da pesquisa educacional*.
10. *Id., ibid.*

pológica — base e caminho de uma teoria da interdisciplinaridade. As dúvidas dos pesquisadores sobre a escolha do referencial teórico, análise e interpretação dos dados e problematização conduzem-nos a enfrentar um medo ainda pouco trabalhado nas pesquisas sobre educação: o da decodificação da sala de aula. Decodificar uma sala de aula exige o desenvolvimento da capacidade de observar e perceber, ao lado do desenvolvimento de uma habilidade de redigir. Redige-se sob a forma de verso ou de prosa. O importante nesse tipo de trabalho é que o pesquisador se identifique na pesquisa e que a descrição de seu momento de vida seja o balizador, o orientador teórico das categorias que facilitarão a análise dos seus dados.

Segundo semestre de 1990. Desestabilização do grupo. Motivo? Muita informação adquirida em brevíssimo espaço de tempo. Desestabilização necessária para o rompimento com os caminhos da pesquisa convencional e o ingresso numa outra modalidade de pesquisa. O que queremos dizer com isso é que o pesquisador, diante de múltiplos e variados enfoques, sente-se, de repente, perdido: Sigo este ou aquele caminho?

A pesquisa qualitativa ainda está por ser explicitada. A quantitativa foi, de certa forma, colocada de lado por muitos, porém seu estudo demonstrou o quanto ela ainda se faz necessária. Tanto os enfoques fenomenológicos quanto os dialéticos exigem uma imersão profunda na história. A desestabilização é compreensível, pois o Seminário revelou ao grupo os limites do que ignorava. Foi a partir disso que iniciamos um trabalho de reencontro do pesquisador com seu objeto perdido de pesquisa, seja trabalhando suas lacunas teóricas, seja trabalhando na perspectiva de que as ansiedades e dúvidas, eventualmente não resolvidas, poderão ser superadas no decorrer do próprio processo da pesquisa.

Por paradoxal que pareça, a solução dada à desestabilização do grupo foi, novamente, recorrermos ao diálogo com eminentes pesquisadores da área da educação. Assim, organizamos o II Seminário sobre Metodologia da Pesquisa em que Antonio Joaquim Severino, Antonio Chizzotti, Magda Soares, Maria F. de R. e Fusari, Menga Lüdke, Vani Moreira Kenski e Marli André compareceram. O paradoxo está no seguinte: se a palavra dos especialistas anteriores, relatando seus diferentes enfoques, havia confundido o grupo sobre o caminho a seguir, uma volta ao debate se fazia necessária, em que cada pesquisador detalhasse seus próprios caminhos nas pesquisas que lhes haviam sido mais caras. Com a adoção dessa sistemática, não apenas aprofundamos a questão da multiplicidade de enfoques na pesquisa educacional, como também conseguimos adentrar em aspectos insuspeitados e pouquíssimo trabalhados nas discussões sobre pesquisa: tais como a relação orientador/orientando, ou a necessidade de *adentrar* em outras áreas que não as específicas da educação.[11] Todo o debate foi gravado. A transcrição e a organização das falas, só foram possíveis por meio de um trabalho coletivo de todos os alunos do grupo, em especial, de Regina Bochniak que, no processo, acabou tornando-se também autora do livro que então organizei.[12]

Primeiro semestre de 1991. O grupo decide prosseguir aprofundando o conceito de pesquisa, revendo-o na sua essencialidade. A temática escolhida: interdisciplinaridade e epistemologia. Era preciso reler Ricoeur e conhecer suas mais recentes publicações. Buscar em Vieira Pinto, em Schaff, em Bachelard, em Japiassú e em muitos mais os fundamentos epistemológicos da interdisciplinaridade. Amplia-se o universo de possibilidades da investigação da prática pedagógica, na medida em que se mergulha nos meandros da origem e do valor do conhecimento. Questões como estética, provisoriedade da produção científica encaminham o grupo para a construção de uma nova epistemologia — a que considera o erro como critério de cientificidade e a estética como fundamento de um novo *ethos*, e de um novo *logos* na educação.

Uma análise posterior das pesquisas desenvolvidas nesse período revelou-nos o quanto foi importante trabalharmos com essas questões mais profundas, a respeito do conhecimento e do papel da ciência hoje. Trabalhar a ciência numa dimensão de atualidade requereu do grupo um outro exercício teórico significativo: o daquele que se sustenta ou que parte de uma dimensão de conhecimento também pouco explorada. O que queremos dizer com isso é que, paralelamen-

---

11. Vide Ivani C.A. Fazenda, *Novos enfoques da pesquisa educacional.*
12. *Id., ibid.*

te à tentativa de um esboço de explicitação epistemológica, caminhamos com o grupo na dimensão de uma categoria que antecede e consolida o próprio ato de conhecer: a simbólica.

A questão simbólica, tão peculiar aos estudos antropológicos, não poderia deixar de estar presente quando a intenção do grupo convergia para a construção de uma antropologia da educação. Em outros trabalhos nossos, tais como *Interdisciplinaridade: um projeto em parceria*,[13] já nos havíamos referido à necessidade da busca de uma antropologia da educação quando a intenção é construir uma teoria da interdisciplinaridade, porém essa era ainda uma questão inicial que somente foi possível ser revista em mais detalhes quando o desafio da prática a ela nos conduziu. Nossa questão era a de formarmos pesquisadores da própria prática, carentes de uma fundamentação antropológica. Como pesquisadores da própria prática fazia-se, portanto, necessária uma viagem às entranhas teóricas de suas práticas em suas diferentes modalidades: reflexiva, cultural, subjetiva. Porém, esse procedimento exigia a escolha de um recurso metodológico para explicitação da referida prática. Em outras palavras, exigia um método que contemplasse tanto elementos circundantes da prática vivida quanto o eixo articulador central da mesma prática: o sujeito que a executa. Esse método, próprio da investigação antropológica — tornar o familiar estranho e o estranho familiar –, exige uma postura que seja dialética, tanto no sentido de tomada de distância quanto no sentido de aproximação do objeto a ser pesquisado: prática vivida. Os elementos reflexivos componentes desse princípio antropológico são aqueles que o subsidiam em rigor e criticidade. Para que esse viés antropológico se evidencie em sua dimensão interdisciplinar, faz-se necessário aliar ao exercício da razão o concurso da irracionalidade; ao exercício da reflexão, o concurso da intuição; ao exercício da identificação do real, o concurso da imaginação em suas infinitas dimensões; enfim, mais do que nunca, trabalharíamos a dimensão simbólica das práticas.

---

13. Cf. Ivani C.A. Fazenda, *Interdisciplinaridade: Um projeto em parceria.*

Assim sendo um impasse se apresentava: trabalharíamos símbolo numa dimensão de exterioridade (sociocultural) ou na sua interioridade (psicoanalítica). Por acreditarmos que ele se desvela em múltiplas dimensões optamos, inicialmente, então, por subsidiar nossos estudos de um tripé teórico: aquele que tivesse apoio, de um lado numa antropologia filosófica (nesse sentido apoiamo-nos em Ricoeur), de outro numa antropologia cultural e em sua interioridade, o que nos conduziu a um início de explicitação de alguns pressupostos básicos de psicologia analítica junguiana (apoiamo-nos, aqui, em Jung e em alguns de seus seguidores, como Carlos Byington).

O símbolo, tal como é tratado em Ricoeur, *leva a pensar*.[14] Porém, para que isso ocorra, precisa ser trabalhado numa dimensão cultural e, mais, de autodescoberta dos símbolos pessoais, que conduzem os indivíduos historicamente situados à explicitação de seus próprios atos de conhecer; seriam tentativas de busca a seus símbolos mais caros, seus itinerários de vida. Essa viagem interior, viagem em busca da própria identidade foi entremeada pela escrita e por outras formas de expressão: do desenho ao lúdico; da letra à imagem; da palavra ao gesto. Sonhos, metáforas, analogias foram o recurso de que nos servimos para o desenvolvimento de infinitas metonímias. Final desse primeiro semestre de 1991. O grupo, nesse período, era composto por mais de 40 pessoas. A energia que dele emanava era tão forte que embora a voz não pudesse ser dada a todos, o processo gestado nessa dinâmica de apreensão da essencialidade do conhecimento fez com que muitas pesquisas latentes eclodissem. Muitas metáforas foram reveladas e nas suas revelações a explicitação das práticas, em todas as suas nuanças, e mais, a cada metáfora anunciada, outras tantas eram despertadas à consciência dos mais calados participantes. Vivemos nesse semestre a utopia de Ricoeur: o símbolo nos levou a pensar, a fazer, a pesquisar a interdisciplinaridade de nossas práticas.

Segundo semestre de 1991. A efervescência do semestre anterior é substituída por uma certa calmaria; a calma própria da espera que se faz necessária a todo amadurecimento do processo do ato de

---

14. Vide P. Ricoeur, *Interpretação e ideologia.*

conhecer. Símbolos revelados no semestre anterior passam a ser trabalhados, sejam nas escritas, sejam nas múltiplas formas de expressão que o grupo passa a criar na dissertação de suas pesquisas. É o momento do lúdico e esse lúdico expressa-se, por exemplo, na descoberta de uma fábula infantil, como metáfora escolhida para explicitar uma ação interdisciplinar na descoberta de mandalas próprias criadas por seus autores tais como a roda, a bolha, o caracol, o labirinto, as espirais, a rede do pescador — explicitações simbólicas de caminhos buscados nas sendas da interdisciplinaridade. Modifica-se o espaço próprio das produções acadêmicas: o papel branco passa a ter cor, o branco e o preto das letras são alternados pelas ilustrações, a linguagem técnica é autorizada a transformar-se em poética, ao papel sulfite associa-se a transparência do papel vegetal, as dissertações ganham uma tridimensionalidade — vão do escrito ao vídeo, à escultura. Assim como o conhecimento salta do papel, ele sai da sala de aula e voa para outras localidades. A sala de aula diminuída em tamanho em função da redução do número de participantes pela conclusão de muitas dissertações de mestrado novamente é preenchida, agora, por elementos advindos das Secretarias de Educação do Estado e Município, de diferentes regiões do país. Todos querem conhecer um pouco do fascínio dessa forma de pesquisar e estudar a educação.

Primeiro semestre de 1992. O compromisso assumido nos anos anteriores torna-se agora missão — a missão de levar a alegria do ato de aprender, vivenciada entre os muros deste pequeno grupo, a todos os desejosos de ampliar seus conhecimentos sobre interdisciplinaridade. O compromisso nesse semestre é o de releitura da produção do grupo no sentido de construção de uma antologia da pesquisa interdisciplinar que pudesse conter a síntese dos trabalhos realizados, nesses cinco anos de exercício, com duplo propósito de socialização: para atender à demanda externa e para subsidiar a construção das nascentes pesquisas do próprio grupo que se renova. Elege-se a leitura da primeira pesquisa. Acorda-se o compromisso de resenha dos aspectos teóricos e metodológicos nela contemplados. Marca-se o dia de sua discussão. Convida-se o autor ausente para voltar a compor o grupo, nesse momento. Planeja-se o *workshop*. Dele fazem parte a apresentação sucinta do trabalho, por parte do autor, agora visto com

110

a devida distância a que o tempo conduziu. Cada elemento do grupo apresenta uma síntese de sua resenha destacando a crítica e encaixando novas teorizações. É interessante novamente colher em meu regaço alguém que ajudou a construir o nosso grupo de estudos. Ouvir dele a quantas andou com sua pesquisa, partilhar com ele as alegrias e os insucessos superados no percurso de sua construção, tornar participantes desse processo estranho de pesquisa novos leitores e novas visões. É a possibilidade de mais uma vez viver a roda do conhecimento, dela usufruir e perceber nela o seu movimento contínuo, dinâmico, eterno, daqueles que sempre buscam compartilhar o saber, em parceria. Toda a discussão é registrada em fitas e depois transcrita.

Segundo semestre de 1992. A roda continua na releitura que agora se dá a partir da décima produção; algumas tornam-se livros.[15] Inúmeros foram os convites que recebemos e continuamos a receber por parte das mais variadas instituições, além da escola, para que falássemos sobre interdisciplinaridade. Passamos a participar, então, dos mais diversos eventos — palestras, seminários, consultorias, cursos de especialização, aperfeiçoamento, extensão ... — desenvolvidos nas mais diversas áreas e campos do conhecimento — saúde, serviço social, direito, psicologia, ecologia ... — que se interessam pela temática da interdisciplinaridade. É evidente e, até mesmo em certo ponto, assustador o crescente interesse pelas questões da interdisciplinaridade na educação — aumenta sobremaneira o peso de nossa responsabilidade.

Primeiro semestre de 1993. O ano de 1993 inicia-se com uma promessa: a conclusão, neste ano, de um substrato de toda a produção documentada por mim nesses anos todos. Para isso preciso de parceria. Não é possível sozinha sintetizar em pouco tempo (minha referência ao tempo diz respeito ao assédio às informações que se avolumam com o passar dos dias). Coloco todo o material já produzido nestes cinco anos (transcrições, resenhas, dissertações e teses, ementas dos

---

15. Vide S.G. Moreira, *Da clínica à sala de aula*; R. Bochniak, *Questionar o conhecimento. A interdisciplinaridade na escola ... e fora dela*; C. Warschaver, *A roda e o registro. Uma parceria entre professor, alunos e conhecimento*; I. Petraglia, *O cultivo do professor.*

semestres, livros publicados ...) no aparadouro e na mesa de minha sala de jantar. E o cheiro de papel inebria-me. Sinto-me entorpecida por tudo que já foi criado e pelo pouco que foi socializado. Ensaio mil formas de organização dos escritos. Dentre elas as dissertações com suas respectivas resenhas. As ementas dos semestres. As transcrições. Releio tudo solitariamente para adquirir dimensão necessária de totalidade. Os papéis não falam por si mesmos, precisam de uma direção. Chamo alguns alunos que se sentam em volta da mesa, discuto com eles a heterogeneidade das resenhas. Surge uma ideia — entregar a cada um a pesquisa original e as resenhas já produzidas pelo grupo para que, novamente, empreendam o exercício de resenhar agora a partir de um roteiro que contemple as melhores fatias das melhores resenhas produzidas. A nova resenha pauta-se pelos seguintes itens: característica ou marca da pesquisa; tema, valor e alcance; breve resumo; metodologia utilizada; percurso teórico; a que e a quem se destina; excertos para a teoria da interdisciplinaridade. Um teto de seis laudas foi estabelecido, como também o tempo para o retorno. Coloca-se em suspensão tudo o que foi produzido e passa-se a trabalhar agora um novo exercício de resgate de memória.

A memória adormecida precisa ser ativada por meio da busca das primeiras lembranças. Tento o diálogo solitário com o papel. Constato que a interlocução é pobre, pois por melhores que tenham sido meus registros são-me ainda insuficientes. Necessito uma parceria para reativar em plenitude a citada memória adormecida. Tento exercitá-la com você leitor. Quanto a ser lembrado! Quanto a ser sintetizado! Quanto já se havia avançado em teoria e quanto apenas por meio desse exercício nos foi possível reconhecer. Vive-se a interdisciplinaridade na essencialidade das trocas intersubjetivas e dela emerge este relato desses oito anos de trabalho.

10
A CONSTRUÇÃO DE UMA PESQUISA
DE MÚLTIPLAS TEMÁTICAS

A etapa seguinte que me disponho a desvelar é sobre o movimento encontrado nas quase 30 pesquisas por mim orientadas. Coloco todas à minha frente, relendo-as, uma a uma, e demorando-me nelas. Todas tratando da vida dos pesquisadores que as desenvolveram. A primeira impressão é da impossibilidade de as agruparmos, diante da variedade temática.

O processo de organização e seleção do conteúdo, que as diferentes pesquisas contemplam, sugeriu-nos uma multiplicidade de categorizações, entre elas: uma categorização por tópicos e abordagens, outra por níveis de ensino; uma outra mais pelo exercício do pesquisador em sua sala de aula ou em função de coordenação de projetos de ensino... a rua da vida é marcada para cada pesquisador numa esquina diferente.

Outros autores que se dedicam aos estudos de histórias de vida, a exemplo de Antônio Nóvoa,[1] propõem interessantes e criteriosas

---

1. Cf. A. Nóvoa (org.), *Vida de professores*.

categorizações que podem conduzir a uma compreensão dos aspectos principais a serem retirados das histórias de vida. Essas categorizações, sem dúvida, são elucidativas pois facilitam o estudo das histórias de vida. Entretanto, como o próprio autor afirma, o estudo de tais histórias não pode se restringir à explicitação de categorias exclusivas, pois, se assim o fizesse, conduziria o estudioso a fechar-se no interior de fronteiras disciplinares.

A intencionalidade que marca a propriedade de estudos dessa natureza encontra-se justamente na possibilidade que encerram de conjugar diversos olhares, de construir uma compreensão multifacetada de aspectos, de produzir um conhecimento que se situa na encruzilhada de vários saberes, possibilitando uma leitura interdisciplinar das ações educativas. Cada pesquisa, que tem a história de vida por pressuposto, manifesta uma configuração própria, seja no que se refere às preocupações de investigação, seja no movimento da ação, seja nos objetivos a que tais ações conduzem. É muito difícil separar analiticamente as distintas abordagens autobiográficas, na medida em que elas se caracterizam por um esforço de totalização e integração de diferentes perspectivas. Por tudo isso abdicamos das possíveis categorizações, por nós ensaiadas, para privilegiar a essência do movimento contido ou produzido pelas diferentes ações.

Por que nesse projeto de construção de uma teoria da interdisciplinaridade estamos nos detendo na explicitação das ações educativas? Por que fizemos dessas ações o objeto próprio de nossas pesquisas? A resposta pode ser, em parte, explicitada pela afirmação de que as questões da interdisciplinaridade precisam ser trabalhadas numa dimensão diferenciada de conhecimento – daquele conhecimento que não se explicita apenas no nível da reflexão, mas sobretudo no da ação. Assim sendo, isso exige do pesquisador um exercício do encontro de uma estética e de uma ética próprias que possam dar à pesquisa uma dimensão interdisciplinar.

Que tipos de ação poderiam ser pesquisados para que tal dimensão pudesse ser alcançada? Essa é uma indagação que naturalmente surge quando se pensa em pesquisar interdisciplinarmente. A essa resposta temos nos reservado o direito de nova pergunta: Qual o grau de compromisso que o pesquisador demonstra com a ação a ser pesquisada? Nessa interrogação diríamos que estão contidos pressupostos fundamentais à interdisciplinaridade tais como o comprometimento, o envolvimento e o engajamento. Entretanto, perceber o grau de envolvimento do pesquisador com o objeto de pesquisa envolve um trabalho paralelo de investigação sobre a intencionalidade e origem das pesquisas.

Sobre a intencionalidade e a origem das pesquisas

Não pense o leitor que uma pesquisa dessa natureza nasce do acaso, ou seja, do desejo involuntário que pode surgir de narrar a própria vida. A pesquisa que denominamos de interdisciplinar nasce de uma vontade construída. Seu nascimento não é rápido, exige uma gestação prolongada, uma gestação em que o pesquisador se aninha no útero de uma nova forma de conhecimento – a do conhecimento vivenciado e não apenas refletido, a de um conhecimento percebido, sentido e não apenas pensado. Esse processo de "nidação" que o pesquisador inicialmente vivencia leva-o a uma revisão da bibliografia que veio norteando sua formação – uma releitura do que mais o marcou em sua concepção de educação. Nesse processo ele vai adquirindo a percepção de sua própria interdisciplinaridade. A espera que esse processo de gestação determina começa a gerar novas dúvidas, passa a duvidar das teorias sobre educação existentes; duvidar no bom sentido, no sentido de percebê-las imperfeitas e incompletas, de duvidar que elas possam explicitar, da forma como estão elaboradas, suas intercorrências práticas, e surge a dúvida maior: a de que algo de sua prática vivida possa estar contribuindo para a explicitação das imperfeitas teorias sobre educação.

Das dúvidas construídas e trabalhadas surge um desafio: o desafio de criar teoria, uma teoria nascida de uma prática intensamente vivida. Esse desafio vai se explicitando na superação de múltiplos obstáculos. O primeiro deles, diria, o mais fundamental, é vencer as amarras pessoais, deixar o peito aberto para que flua dele toda a emoção que a ação praticada provocou. Esse processo é tão ou mais longo que o da nidação da teoria, pois exige uma adesão irrestrita ao processo de desvelamento da prática, exige o rompimento com estereótipos adquiridos no passado, rompimento às descrições padronizadas, exige a descoberta enfim do símbolo que gestou e sustentou toda a prática vivida. Esse símbolo, também como já dissemos, é próprio de cada um, portanto exige do pesquisador um tempo próprio de maturação, uma forma própria de narrar e descrever, uma forma própria de reorganizar a ação, uma estética própria na apresentação e, sobretudo, exige, de cada um, o compromisso com o desvelamento de uma ética própria que determinou seu modo próprio de ser — o que o marca, o distingue, o personaliza como ser único, habitante e construtor de uma forma própria de educar.

A pesquisa interdisciplinar exige, portanto, a busca da marca pessoal de cada pesquisador — a busca de sua "marca registrada".

Sobre o que identifica ou marca a pesquisa interdisciplinar

A pesquisa interdisciplinar distingue-se das demais por revelar na sua forma de abordagem a "marca registrada" do pesquisador.

O exercício de busca da marca registrada envolve uma viagem interior, um retrocesso no tempo, em que o autor ao tentar descrever a ação vivenciada em sua história de vida identifica-se com seu próprio modo de ser no mundo, em que encontra sua própria metáfora interior. Assim, percebe-se pescador aquele que tece a rede, que a constrói, que sabe sobre sua função, sobre as formas e finalidades com que ela possa ser utilizada, tem muito claro o propósito com que será lançada e, principalmente, tem consciência do produto inusitado que possa pescar (bota ou peixe), e que por isso, sobretudo, sabe que sua tarefa consiste em aproveitar, transmutar tanto a "bota" em peixe, quanto o peixe em bota, desvelando o valor próprio, não exclusivo de cada um e, portanto, interdisciplinarmente percebido.

O encontro dessa metáfora interior, fundamental nessa forma de investigação, nem sempre ocorre no início do processo, pois sua identificação exige um domínio quase que pleno da situação vivida, que, apenas ocasionalmente, já transparece numa intuição inicial. Na maior parte das vezes esse encontro só vai ocorrer após uma narração, descrição e análise detalhadas da ação a ser pesquisada.

116

Citamos o pescador — uma das marcas registradas de Regina, uma de nossas orientandas. Outras tantas passarei a analisar. Esse exercício de descoberta da metáfora interior permite ao pesquisador um contato tão profundo com seu próprio eu que o obriga a uma percepção em totalidade do seu papel no mundo e do papel dos outros que com ele interagem.

Para exemplificarmos essa relação que se estabelece entre o sujeito pesquisador e a percepção da totalidade a ser pesquisada, servimo-nos do trabalho de Jucimara, em que ao descrever o processo de interação ocorrido entre os professores da instituição que pesquisava, recorreu ao recurso de uma analogia no qual comparava o processo estudado com o ocorrido numa fábula da literatura infantil: *O caracol e a flor*.

O movimento da ação explicitada por Jucimara poderia ser sintetizado numa direção que diremos de dentro para fora, ou seja, a identificação das marcas presentes de seus sujeitos revela-se no modo de viver de uma formiga, cigarra, caracol ou borboleta, personagens da historinha escolhida. Digo de dentro para fora porque antes de identificar os sujeitos, tal qual Jucimara os identifica, ela precisou encaminhar sua reflexão para outra direção, numa dimensão anterior: Qual o papel que uma formiga, uma cigarra, um caracol ou uma borboleta desempenham na sociedade dos animais? Esse nível primitivo de abstração conduziu Jucimara a detalhes na compreensão da própria experiência vivida. Conseguiu identificar não apenas as características dos sujeitos observados, mas também as ações exercidas em seu processo interativo. Esse recurso permitiu a ela, pesquisadora, colocar-se "na pele" de seus sujeitos, compreendê-los no limite de suas especificidades.

Outro movimento constatado na análise de nossas pesquisas é aquele que ocorre de fora para dentro. O exemplo é o de Ruy em sua *Pedagogia da transgressão*. Por que e como a transgressão é marca da ação descrita por Ruy? Ruy trazia uma descrição exterior, que privilegiava sua ação docente ocorrida em determinado curso, numa determinada instituição. Aparentemente todos os elementos da ação a ser pesquisada estavam descritos, porém o que faltava? Faltava a explicitação do movimento interior da ação, sua metáfora interior. A descrição da prática vivenciada por Ruy era meticulosa, com detalhes, porém detalhes de alguém que pesquisa o fato, do lado de fora apenas. O processo de compreensão do movimento interior da ação ocorreu num processo maiêutico, no qual acompanhei Ruy numa viagem ao interior de sua pesquisa, uma viagem na qual o conduzi, tendo o quadro-negro como tela e o giz como protagonista. Quadro-negro e giz desenharam a mim e a Ruy um movimento próprio da sua ação exercida. Era um movimento de negação e construção do ato educativo, poderíamos dizer, quase dialético, visto que algo de diferente havia no processo de apreensão das sínteses. Essa característica própria do movimento que vimos desenhado nos indicou uma metáfora, à qual denominamos *transgressão.*[2]

Outra evidência a que esse exercício de apropriação da metáfora interior conduz é a do quão necessária se faz uma descrição pormenorizada anterior da prática vivida. É a partir, muitas vezes, da repetição de pequenos detalhes que nos permitimos perceber o movimento ocorrido. De fora para dentro e de dentro para fora constituíram-se nos exercícios das ações pesquisadas a possibilidade de confronto entre a ação praticada e a ação vivida.

Outro movimento próprio encontrado na apreensão das metáforas interiores foi linearidade/circularidade. As ações descritas em nossos trabalhos costumavam contemplar os elementos sequencialmente vividos. O conjunto dessas ações objetiva facilitar a compreensão da totalidade da ação pelo próprio exercício a que já se está habituado: sequência lógico-cronológica. Porém, nossas pesquisas têm comprovado que a linearidade dessas descrições é insuficiente para explicitar todas as contradições quando não contemplada na sua polaridade oposta: circularidade. O exemplo de que nos servimos foi vivido por Lucrécia na descoberta de sua metáfora interior: o labirinto. Ao investigar o interior do discurso de alguns coordenadores de curso, tentando explicitar suas ações, Lucrécia se depara com um impasse, um labirinto. O desenho do labirinto chega à sua mente com toda a força do momento no qual se encontrava. A imagem que sua mente captava era a de quadrados concêntricos cuja saída não se

---

2. Ruy Cezar do E. Santo, *Pedagogia da transgressão.*

explicitava. Melhor explicando, Lucrécia encontrava-se com todo material coletado — paredes do labirinto — porém, ela própria — colocava-se no centro desse labirinto — estava enclausurada sem vislumbrar qualquer saída para seus dados. O impasse colocou-se a mim, sua orientadora: O labirinto descrito por Lucrécia seria representativo da ação que ela tentava elucidar, ou seria representativo de seu próprio momento vivido na pesquisa? Há que se esclarecer o fato de Lucrécia em vários momentos identificar-se com o objeto pesquisado, uma vez que sua história de vida tinha sido marcada pelo desempenho do papel de coordenadora de curso, objeto de seu estudo. O emaranhado ou labirinto que descrevia resultava, em grande parte, da impossibilidade de separar seu papel de pesquisadora de seu objeto pesquisado. Procedemos, então, à seguinte orientação: para tornar clara a saída do labirinto fazia-se necessário um distanciamento da ação (ver o fenômeno de fora). Analisar o labirinto de dentro para fora ou de fora para dentro — linear ou circularmente — conduziu Lucrécia, finalmente, à imagem do labirinto ideal, à essência de sua metáfora na qual todo o exercício de viver os contrários se manifestava. A conclusão teórico-prática que esse exercício revelou foi a seguinte: não importam as voltas que o labirinto contenha, o importante é perceber que ele sempre contém entradas e saídas — o movimento exercido de fora para dentro ou de dentro para fora, linear e circularmente permite ao pesquisador apropriar-se da ação na sua totalidade, portanto, interdisciplinarmente.

Sobre as formas simbólicas encontradas nas pesquisas

Uma das formas pelas quais analistas junguianos interpretam as influências do inconsciente coletivo e dos arquétipos na estruturação básica da personalidade humana consiste na análise de *mandalas*. Presentes tanto nas manifestações simbólicas da atualidade quanto naquelas encontradas entre os primitivos, as mandalas sugerem a emersão de contradições e a visualização de polaridades. Os analistas junguianos reconhecem nelas uma forte presença arquetípica. A referida presença arquetípica tão evidenciada nas mandalas analisadas vem sendo encontrada nesses estudos sobre as teses por nós orientadas, na descoberta de suas metáforas interiores.

A mandala adquire nesses trabalhos a configuração de uma imagem desenhada ou descrita sob a forma de *roda, bolha, caracol, labirinto, muro, cerca, rede, teia, tecido, luz, sombra*. Essa imagem acompanha o pesquisador durante todo o processo da pesquisa e muitas vezes é tão marcante que acaba por identificar a pesquisa e muitas vezes seu autor.

Na pesquisa interdisciplinar, a descoberta de si mesmo, do mais interior do que somos conduz-nos à explicitação do como nos representamos. Nesse caminho de interiorização o objetivo do pesquisador é a busca de uma nova forma de conhecimento. É caminho, no qual em certo momento o pesquisador passa a tomar contato com seu universo imagético. Nele descobre algumas mandalas, as que a ele são mais próximas; passando, então, a descrevê-las. Na descrição, as imagens que surgem representam aspectos do objeto peculiar de estudos ao qual o pesquisador vem se dedicando. Em nosso caso, o objeto de estudos é a interdisciplinaridade, portanto, a imagem sempre acaba contemplando aspectos da totalidade do conhecimento. A pré-visão de totalidade auxilia o pesquisador na explicitação do caminho a ser percorrido, ajudando-o a compô-lo, a contá-lo com maior tranquilidade, numa maior inteiridade. Acredito mesmo que parte desse poder de síntese que essas imagens detêm é incorporada à identidade do pesquisador, auxiliando-o posteriormente na recomposição de outros aspectos de sua vida.

Por isso um misto de alegria e medo toma conta do pesquisador ao entrar em contato com a representação de suas imagens (mandalas). A evidência disso pode ser constatada na dificuldade que demonstram ao vivenciar a contradição emergente dessas imagens. Isso para nós consiste no desafio maior a que esse tipo de pesquisa nos encaminha. Entretanto, consideramos ser esta a tarefa maior da pesquisa interdisciplinar, pois ao permitir a emergência de contradições, exige o trabalho criterioso com polaridades. Esse exercício vivido na sua plenitude permite a revisão e a construção de novas teorias a respeito da educação.

Sobre a atitude dos pesquisadores

A conclusão mais abrangente a que a análise das pesquisas nos conduz é a seguinte: ao buscarmos evidenciar a atitude desenvolvida nas pesquisas realizadas, não pretendemos criar novos estereótipos de novos procedimentos na pesquisa, mas apenas elucidar uma questão epistemológica ainda pouco trabalhada pelos educadores, a de que em educação *não se pode fazer pesquisa sem ação, nem ação sem pesquisa*. Acreditamos que a via possível da produção de conhecimento na área da educação e a consequente criação de uma ciência escolar estariam na consideração desse aspecto basilarmente salientado.

Nossa reflexão sobre o tema apoia-se em aspectos de discurso proferido por René Barbier,[3] ao afirmar que a produção do conhecimento teórico nasce diretamente da *práxis* da pesquisa. No tipo de pesquisa denominado por ele de pesquisa/ação existencial o que se espera não é alcançar um resultado, mas sobretudo poder teorizar o próprio processo de ação. Isso, segundo Barbier, em vários de seus últimos escritos, traz problemas muito difíceis tanto no plano do que convencionalmente denominamos pesquisa quanto no plano pessoal do pesquisador que a exerce.

Acreditamos que o motivo principal pelo qual conseguimos reunir tão heterogêneas e significativas pesquisas abordando e fundamentando questões emergentes de uma teoria da interdisciplinaridade seja o fato de o nosso grupo ter sido formado pelo que Barbier denomina "*filósofos* em atos" — pessoas que aceitam pesquisar questões de fundo a partir da existência cotidiana, educadores comprometidos que acreditaram na relevância de seus trabalhos, portanto, exerceram a audácia de pesquisá-los.

Continuando nossa análise ainda sobre os pesquisadores que orientamos, diríamos ainda com Barbier que em todos eles encontramos um traço comum — a *vibração* com o que faziam. Essa *vibração* foi ao nosso ver o móvel da *vontade* que impulsionou essas pesquisas. Acreditamos que ela aparece nos seres que possuem o sentido

---

3. René Barbier, "Pesquisa — ação existencial". Conferência proferida na PUC/SP, em 13.8.92.

existencial e interno da totalidade da vida. Esse especial tipo de pesquisador, o *interdisciplinar*, principalmente porque adquire o sentido do valor do seu trabalho, empenha-se em reparti-lo com os outros, principalmente porque percebeu o valor que sua experiência pode ter para seus colegas educadores e para a história da educação.

Porque compreende seu universo de ações e de significados, o pesquisador interdisciplinar aceita dividir sua própria percepção do mundo e dos homens. Isso tem demandado também desse tipo especial de pesquisador a sensibilidade para compreender os outros, portanto, a efetivação do exercício do *respeito* ao outro e da *espera* (na medida em que poucos são ainda os que aceitam esse tipo especial de trabalho e de pesquisa).

O processo de pesquisar a interdisciplinaridade demandou uma formação especial na forma de pesquisar, que é marca de todo esse trabalho, a formação para a *escuta sensível* — escuta aos seus achados ainda não revelados (nem muitas vezes a si mesmos), escuta paciente e sensível, a melhor forma de retratar e analisar esses achados, escuta sensível à forma de socializá-los e divulgá-los.

A todo esse processo de aquisição dessa escuta sensível na pesquisa denominamos, como Barbier, *amor*. Esse sentimento — o amor — é o que possibilita apoiar-se e ao mesmo tempo libertar-se da emoção. A explicitação desse amor na pesquisa interdisciplinar melhor adquire contornos de um rigor epistemológico quanto mais "oceanicamente" contemplar ou expressar a plenitude da emoção vivida na ação praticada. Muitas vezes a maneira de expressar essa forma própria de pesquisar adquiriu contornos na *mítica* ou na *poética*, não no aspecto racional dos mitos e dos símbolos, mas no aspecto de sua *sensibilidade*.

Assim sendo, acreditamos que através dessas pesquisas conseguimos revelar também o lado artista, o lado poético, o lado sensível dos *educadores*, que nesse exercício tornaram-se pesquisadores.

Quando se fala de amor, de arte na academia e, principalmente, na pesquisa, há que se falar *questionando*, *duvidando*, principalmente quando se fala em *amor oceânico*, novamente citando Barbier.

Entretanto, falar de amor oceânico é diferente de vivê-lo, e todos esses pesquisadores que dele partiram o demonstraram não apenas pelas palavras escritas, mas pelo sentido das ações praticadas que a pesquisa possibilitou registrar e desvelar.

11
A CONSTRUÇÃO DA PESQUISA A PARTIR
DA IDENTIDADE DO PESQUISADOR

Este capítulo não tem a intenção de resenhar as mais de 30 pesquisas desenvolvidas em nosso grupo de estudos. Procurará tão somente apresentá-las demonstrando que o caminho a seguir numa pesquisa interdisciplinar é único, e sua escolha depende de uma profunda ligação do pesquisador com o objeto pesquisado. Na realidade gostaríamos de dizer mais de cada uma delas, tal como fizemos com quatro das que já são livros; entretanto em apenas duas mais nos alongamos, as outras ficam aqui registradas em seu substrato mais íntimo, porém mais profundo.*

1989 — *Retire-se o muro da escola* — uma experiência interdisciplinar com menores carentes. Nessa pesquisa Célia Maria Haas revisita seu antigo local de trabalho, um local que foi menos de trabalho e mais de sua vida na década de 1980 — sua intenção, transformar o marginal em aluno, sua marca interdisciplinar, uma

---

* As dissertações de teses aqui citadas encontram-se na biblioteca da PUC/SP.

escola sem muros ou grades, em que a comunidade pudesse ter voz e vez. Analisa documentos, recompõe memórias.

1990 — Dois trabalhos sobre orientação educacional — os de Helenice Staff e Marlene Car Borges — mesmo objeto e mesmo campo de estudos, porém vistos sob duas diferentes óticas, próprias dessas pesquisadoras: numa delas encontramos o professor que propõe, na outra, o aluno que constrói. A intenção de ambas foi apresentar uma forma interdisciplinar de trabalhar alunos/trabalhadores dos cursos noturnos, de Pedagogia, em que o autoconhecimento foi categoria mestra.

1990 — O cotidiano de um professor de ciências — nesse trabalho, Maria Otília Mathias enfrenta o desafio de analisar uma experiência que em sua memória fora vista como sombria; uma experiência na qual o conteúdo, o livro didático e as avaliações eram vistos como estanques, sem vida. Retira dessas sombras luzes, para a construção de uma atitude interdisciplinar para o ensino de ciências na escola de 1º grau. Uma ciência construída a partir do erro, da provisoriedade.

1990 — Duas pesquisas sobre a sala de aula de professores de didática — Maria de los Dolores Peña, construindo o espírito da pesquisa em seus alunos e Dirce E. Tavares, tornando-os sujeitos de seu próprio ato de conhecer. Identidade e pesquisa, dois pressupostos do trabalho interdisciplinar.

1990 — Laís Akemi Nishyama desenvolve neste grupo o primeiro trabalho sobre *direção de escola* — sua marca interdisciplinar é a paciência, a espera e o registro; marca essa que se reflete em cada linha de seu texto. Laís descreve e analisa a rotina, a ruptura, a retomada e a proposta de um novo cotidiano. Em seu trabalho duas pesquisadoras se espelharam e construíram seus próprios perfis de direção de escola: Vanda Tognarelli (1993) e Elisa Calil (1994). Diferentes símbolos moveram os três trabalhos, porém em todos havia a marca do compromisso.

1991 — *Pedagogia da transgressão* — o símbolo desse trabalho é a transgressão, a forma de enfrentá-la — o autoconhecimento — projeto de vida e de estudos de uma figura ímpar em nosso grupo de estudos e na educação brasileira: Ruy do Espírito Santo, que consegue ir mais além dos escritos convencionais sobre essa temática. Um passo muito importante na construção de uma teoria da interdisciplinaridade.

1991 — Surge o primeiro questionamento de arte na escola em nosso grupo de pesquisas. Rosvita K. Bernardes trabalha a arte também transgressivamente, *grafitando*. Diferente de Iané D'Ângelo que enfrenta o mesmo desafio *brincando* (1994). Em ambas, entretanto, há a marca da construção. Retomam a arte como ciência, sem retirar dela a magia.

1991 — Duas pesquisadoras decidem analisar facetas diferentes de uma mesma instituição de ensino superior: Lucrécia Mello — sobre os diferentes papéis assumidos por um coordenador de curso e Jucimara R. Maia, sobre os que são coordenados. Em ambos, a forte presença simbólica: labirinto e caracol. Com esses trabalhos, uma nova forma de compor pesquisa em educação.

1992 — Graziela Zobboli aceita o desafio de observar um projeto de escola sob dupla óptica: mãe e pesquisadora. Ambas as figuras se alternam, se modelam e revelam todas as contradições de um projeto interdisciplinar. Sua pesquisa se caracteriza pela dupla forma de registro que permite ler o fenômeno na atitude multiperspectival.

1992 — Sandra V. Nogueira revisita em seu trabalho sua infância adormecida em seu mais profundo sentido. Seu trabalho é um alerta à recuperação do mesmo na escola interdisciplinar.

1993/1994 — Três trabalhos sobre alfabetização; no que diferem e em que se aproximam? Geralda T. Ramos descreve sua caminhada na construção de uma política diferenciada de alfabetização no estado do Amapá; Sueli Freitas, em Santa Catarina e Ivani Kölling, no Amazonas. Três distintos universos, porém em todos a marca da erudição, da persistência e da inovação. Juntos compõem uma forma revolucionária de tratar a alfabetização, a interdisciplinar.

1993 — Em 1993 dois arquitetos diferenciados concluem suas pesquisas: Manolo Perez Vilches que projeta suas aulas particulares, tal como constrói edifícios, e nelas, a superação das dificuldades na escola. Recupera o gosto pelo conhecimento, a *Arquitetura dos sabe-*

res. Ricardo H. Matos, projetando uma educação para o próximo milênio, aquela na qual a dicotomia ciência e arte se polemiza; na radicalidade em que outras formas de conhecimento adquirem sentido na escola, como, por exemplo, a ficção científica. Para tanto mais de 300 livros sobre o tema foram pesquisados. *Um estranho numa terra estranha* (nome do seu trabalho).

1993/1994 — As primeiras produções do grupo no nível de doutorado aparecem. São os trabalhos de Regina B. Pereira sobre a questão do *Método*, e Terezinha N. Silva sobre a *inovação*. Ambos vão à interiorização desses atributos, remexem a história, analisam-na em suas origens e retiram dessa imersão uma lição de erudição a mais, a que em educação os conceitos não envelhecem, mas renovam-se.

1994 — A questão da religião na formação do educador, sempre colocada de lado, é enfrentada por Ivone Yared, de uma forma muito especial, a de um sonho (o de D. Bosco) que pôde transformar em realidade. Era um sonho, que tomou conta do sonho dessa pesquisadora e do qual nós leitores somos convidados a participar. Religião/educação, outro dilema a ser enfrentado numa proposição interdisciplinar.

1994 — Mais uma arquiteta desse grupo conclui seu trabalho, minha filha Carla M.A. Fazenda J. Machado. Sua pesquisa: *Cor de cor* — a tinta, a cor, o desenho sempre fizeram parte de sua marca pessoal (marca talvez herdada de seu pai). Fazer da cor seu objeto de estudos e pesquisas, uma questão de educação, foi para ela um desafio maior — inicia seu texto com uma carta aos educadores — em que denuncia uma escola onde a cor é inexistente e onde a imagem é sufocada — uma escola fria e sem alegria. Como torná-la colorida, recuperando a cor que existe nela, a cor de cada um que a representa e a habita, a cor dos grandes mestres da arte de colorir e de expressar — pela tinta posso dizer o que sinto e quem sou, posso construir-me e construir espaços e tempos mais belos.

Vários desses alunos, como Carla, que compõem hoje ou já fizeram parte desse grupo de estudos, foram discípulos de Joel Martins. A marca do mestre, que a mim foi tão próximo, neles ainda se perpetua. A marca que ele denominava trans e que eu denomino interdisciplinaridade.

1990 — *Da dúvida à contradição* — Neuza Abbud Garcia. O símbolo que move este trabalho é a espiral. Não foi encontrado por Neuza, mas por Ricardo, seu colega (arquiteto), que, ao ler o trabalho de Neuza, representou-o, graficamente, através da percepção do movimento que o trabalho nele suscitou. A forma encontrada por ele foi a de uma espiral que se comprime e se dilata, através do aquecimento que a pergunta ou a dúvida contemplam.

A autora registra e analisa somente uma aula de 50 minutos do curso de Pedagogia (que é gravada, transcrita e graficamente representada, a partir de seus momentos de dúvida, de indagação). Para tanto, Neuza parte da seguinte premissa: a *compreensão* é construída na sala de aula. O ato de compreender, de dar ou encontrar significado ao conhecimento envolve *questionar*. Não se pode questionar do *nada*. Todo questionamento demanda conhecimento prévio (nem que seja do senso comum). O exercício de *caminhar* da aquisição de um pensar ingênuo a um pensar reflexivo requer teorização, mas uma teorização tão compreensiva que suscite o advento de novas teorizações e o desejo de refletir, de conhecer, de saber mais e melhor. Seu trabalho inicia-se com uma reflexão teórica sobre as questões que envolvem a evolução de um pensar ingênuo para um pensar crítico e reflexivo. Esse pensar reflexivo conduz ao exercício da contradição. Entretanto, a base da contradição é a dúvida, a pergunta, a incerteza. Não existe dialética que não nasça da dúvida.

Após essa reflexão, passa a descrever o movimento dialético da aula, no qual se percebe o quanto o aluno precisa ser estimulado no seu ato de perguntar, o quanto precisa ser conduzido a perceber sua própria necessidade de novas indagações. Somente o questionamento pode estabelecer o exercício da polaridade, da controvérsia.

Segundo Neuza, essa pesquisa serve como ponto de partida para uma reflexão mais profunda sobre o ato de perguntar que o professor exerce em sala de aula.

Esta pesquisa configura-se não apenas na explicitação do processo ação/reflexão, mas na busca conflitante entre forma e substância, na forma como é descrita e analisada. O campo de investigações aberto pela referida pesquisa é novo e bastante amplo, na medida em que essa forma de reflexão demanda uma revisão antropológica de outros aspectos do humano. A todo tempo Neuza esteve voltada para a forma como o conhecimento se opera.

Algumas considerações reveladas no trabalho de Neuza são as seguintes: a postura de indagação diante do conhecimento supõe um espírito de abertura que hipoteticamente ultrapassa a simples atitude filosófica. Essa superação poderia ser buscada numa interação entre a diversidade que o conhecimento contempla e a intersubjetividade do sujeito que promove esse conhecimento. As investigações que elucidariam essas questões deveriam referir-se às questões relativas à dúvida/sujeito que duvida/conhecimento/sujeito que conhece.

1990 — *A lógica que preside o trabalho do professor nas séries iniciais do 1º grau* — Mercedes A. Berardi. Compreender a lógica do trabalho de um professor requer a compreensão de sua mudança de atitude. Essa compreensão exige do pesquisador um acompanhamento do cotidiano das ações desenvolvidas em sala de aula, em sua totalidade. Para isso, é solicitado do pesquisador um comprometimento maior com o projeto que estiver acompanhando.

Requer, sobretudo, um exercício de *escuta sensível*, no qual o pesquisador aprende a ouvir as intenções não reveladas na fala, nos discursos proferidos, tanto nos gestos quanto nos atos falhos. A lógica do trabalho de um professor pode ser analisada em sua inteiridade, porém requer um tipo especial de pesquisador: o que já tenha desenvolvido em si a atitude interdisciplinar.

Nesse sentido é que esse trabalho desenvolvido por Mercedes inicia-se por uma descrição de si mesma, de suas limitações e de sua luta por conhecer mais e melhor, enfim, por sua paixão por conhecer.

Na continuidade vai nos desvelando seu cotidiano de pesquisadora em contato com os professores e professoras pesquisados na forma como segue: Quem é a professora *Solange*? Qual sua filosofia de trabalho? Que lógica rege tal filosofia?

É uma professora das séries iniciais. Pessoa simples, baixa estatura, a ponto de, se colocada entre as crianças, não se sobressair em altura. Tem um quê especial, uma simpatia contagiante. Já sofreu percalços de ordem familiar e profissional; nota-se em seu rosto expressivo, olhos sempre atentos, a presença de algumas rugas precoces. Seus gestos são peculiares de quem gosta de viver. Sua linguagem é a do entusiasmo, das coisas feitas com vontade, em busca de algo que deseja ou no qual acredita. É isso o que transmite aos seus colegas.

O cotidiano comprometido dessa professora (das 3ª séries do 1º grau) é visitado pela pesquisadora, por seis meses consecutivos. Tudo é anotado em seus mínimos detalhes e registrado. A linguagem dos primeiros dias é distante, denotando o pouco envolvimento da pesquisadora com o projeto/classe; entretanto, torna-se decisivamente comprometido e envolvente à medida que se passam os dias.

Sua análise alterna relatos do cotidiano observado, com depoimentos dos protagonistas. Essa forma de apropriação do real é intermediada pelas observações da pesquisadora que, gradativamente, conduz o leitor à vivência indireta das mais diferenciadas situações ocorridas numa sala de aula de 3ª série, desde dificuldades surgidas e enfrentadas na aprendizagem de um conteúdo específico, de uma determinada disciplina, seja ela matemática, ciências, artes, língua portuguesa ou estudos sociais.

1991 – Questionar o conhecimento.[1] Diz Regina Bochniak na introdução deste livro: "Este livro conta a história de alguns grupos de professores e alunos de diferentes cursos, mas, em especial, de pedagogia, que se dispuseram ao desafio de, 'mais do que ensinar pedagogia, fazer pedagogia...'". Diria mais: conta a história do cotidiano de Regina e de tantos outros professores comprometidos, que pretendem, através da educação, um mundo mais bonito, mais humano, mais alegre e mais feliz...

A história de Regina, relatada neste livro, ocorreu tempos atrás, quando nós ainda não nos conhecíamos; quando ela era ainda mais do Paraná e menos de São Paulo; mais da prática, menos da pesquisa...

---

1. Extraído do prefácio do livro do mesmo nome, São Paulo, Loyola, 1992.

Conheci Regina na pós-graduação, em minha sala de aula, no grupo de estudos sobre interdisciplinaridade. Nesse mesmo instante, fui convidada a orientá-la em seu trabalho de mestrado. Tornei-me, com alegria, sua parceira, num tema que a nós duas era muito caro: sala de aula, tão próxima e tão distante do conhecimento do educador e de nós mesmas...

Dia após dia, a sala de aula de Regina, a de Curitiba, foi se desvelando para ela mesma e para mim, sua orientadora, uma sala de aula do passado, mas tão viva em sua memória, em seus registros e anotações, que foi possível torná-la *presente neste trabalho*. Tornar presente o passado, próximo o remoto, aventura a que a autora se dispôs através de uma metodologia e linguagem próprias em que procura refletir a sala de aula e interpretá-la em suas múltiplas perspectivas ou numa única, a interdisciplinar.

Em cada palavra, frase, parágrafo ou capítulo, o leitor percebe um exercício de questionamento, de dúvida. Exercer a dúvida, tarefa do filósofo, do filósofo-educador. Regina vai da dúvida à proposta, mas a forma peculiar como trata o texto permite ao leitor dela sempre duvidar, e, nesse exercício dialético, a possibilidade de revisão de outras tantas salas de aula futuras ou presentes, de tantos cursos ou graus de ensino...

O conhecimento a que Regina se refere é um conhecimento do provisório, como diz Popper. Nele o erro é condição de verdade, como diz Japiassú, ou conhecimento em permanente processo de ratificação, como aprendemos com Bachelard.

A sala de aula e a escola a que Regina se refere são aquelas onde grupos interdisciplinares podem habitar — supõem uma nova forma de pensar, nova concepção de ensinar, "novo" conceito de escola, da escola onde ensinar é aprender. Lembra-me muito a sala de aula de Decroly, de Montessori ou de Freinet, em que o aluno adquire uma disciplina de trabalho e aprende o valor dos conhecimentos necessários da pesquisa, da documentação.

Essa escola guarda do aluno e do mestre o sabor do saber, nela se permanece sempre estudante! Nessa escola, o professor é, relembrando Piaget, aquele que não se apressa em virar a página, mas o que se demora nela.

A escola e a sala de aula descritas aqui já começam a se instalar em alguns "poucos" lugares, pois o preço a pagar por elas é alto. Para habitá-la, é preciso adquirir o espírito de *Fênix* — do morrer para renascer das cinzas. Ser *Fênix* ou interdisciplinar é permitir-se a transmutação, é ver na história a possibilidade de recriação.

Na reflexão sobre o cotidiano de cada um, a possibilidade de que as polaridades se alternem, numa dança de encontros e desencontros. Nesse tipo de pesquisa, de pesquisa sobre a prática, em que Regina se aventurou produzir, a objetividade alterna-se à subjetividade. É pesquisa que busca um rigor mais rigoroso, é pesquisa revestida de novo rigor, de nova ordem; é substituição de uma ordem disciplinar para uma ordem interdisciplinar. Essa forma de pesquisa permite tornar mais inteligível esse universo desconhecido — escola, esse local estranho —, a sala de aula.

Ao ler o texto de Regina, alguns o considerarão uma *metáfora*, ou uma *utopia*. Trata-se de metáfora, sim — a que melhor explicita a essência da concretude. Utopia, sim — a possível, a realizável, a esperada...

1991 — *Interdisciplinaridade — o cultivo do professor.*[2] Dizer deste trabalho de Izabel Cristina Petraglia é poder discorrer sobre um dos tópicos mais controvertidos nas discussões sobre educação deste final de século: Como proceder-se à formação de formadores no próximo milênio?

A presente discussão tem sido no Brasil tema dos mais importantes encontros de educadores. Na Europa, o tema surge em vários países, particularmente em Portugal com as obras de Antônio Nóvoa e do Grupo Mathesis, desenvolvido na Universidade de Lisboa desde 1990. Na França é tema de investigação no Cresas — Centre de Recherche de l'Education Specialisée de l'Adaptacion Scolaire; surge também como projeto de estudos do Centro de Investigações sobre o Imaginário Social

---

2. Texto retirado do prefácio do livro: *Interdisciplinaridade: O cultivo do professor*, I. Petraglia, São Paulo, Pioneira, 1993.

e a Educação (Crise), principalmente nas pesquisas de René Barbier. A Espanha a partir de 1940 decidiu mudar toda a face da educação nacional, com uma ampla reforma educacional, em que o mundo pode aprender lições de como cultivar professores para uma educação para o próximo milênio — a que eles denominam: *interdisciplinaridade*.

Todos os questionamentos de como realizar tal tarefa passam pela análise de uma problemática comum que, entre outros aspectos, aponta para: constatação de uma indefinição política geral em se tratando de formação de professores, que atenda às diferenças regionais e pessoais; inexistência de uma definição quanto ao papel e responsabilidade das instituições sobre esse assunto; falta de incentivo à elaboração de pesquisas, inexistência de apoio financeiro e suporte tecnológico.

A análise dessa problemática tem conduzido a muitas incertezas quanto ao futuro da função docente. Acreditamos que uma revisão da *função docente* se faz indispensável nesse momento em que encontramos a educação órfã de uma sociedade que não consegue administrar sua própria insegurança.

Permanecer atrelado a uma sociedade do passado de certezas e de acertos paradigmáticos, onde a *função docente* se exercia pautada nesses *critérios* de verdade e cientificidade, é condenar a educação e a sociedade do amanhã a uma total falência. Na sociedade presente em que a tônica fundamental é a *insegurança*, cumpre-se que ela seja enfrentada e exercida em suas últimas consequências, além das *certezas*, e a partir das *dúvidas*.

Educar para a *dúvida*, para a *contradição* exige o traçado de um novo perfil de educador, de um educador que esteja disposto a enfrentar os desafios de uma nova estrutura de ciência e de conhecimento, que esteja disposto a *rever-se*, rever seus conhecimentos e dirigi-los a uma compreensão mais aberta e mais total da realidade que o afeta.

Não é mais possível permanecer na formação de um educador especializado numa única e restrita direção. Esse educador terá que adquirir "olhos de águia" que permitam a ele enxergar numa grande angular, porém, com agudez e precisão milimétricas que permitam convergir ao alvo correto. Esse treino do olhar em múltiplas, porém precisas direções, consubstancia-se num real exercício de interdisciplinaridade.

Muito pouco tem sido escrito sobre experiências que apontem nessa direção. Esse trabalho desenvolvido por Izabel procura explicitar um *sonho*, transformado em *realidade* — o sonho da busca de uma utopia concreta, a prática da *interdisciplinaridade numa instituição de ensino superior*.

Nascido da intuição de alguns educadores lúcidos, o projeto, descrito e analisado por Izabel, anuncia-nos o movimento próprio por ele empreendido, indicando ao leitor as origens, as fontes, as raízes e seu sentido de ser, enfim, sua explícita intencionalidade.

Em cada linha do presente texto, compartilhamos da *paixão* que tomou conta de Izabel, e embarcamos com ela na aventura de viver a *interdisciplinaridade*.

Izabel foi apresentada às questões da interdisciplinaridade no ensino em minha sala de aula, há alguns anos, e dela tornou-se imediatamente *cativa* — a cada indicação teórica recebida, ousava investigar outras tantas mais...

Tão cativa dessa temática se tornou que ousou cativar outros tantos que dela se aproximaram, seus colegas da Universidade de S. Francisco, onde trabalha. O procedimento por ela adotado foi o de *sedução* e *busca* por novas parcerias, na busca da transformação de uma educação estática em uma educação viva. Sua trajetória é discutida em todas as etapas, desde a busca de conceituação e de metas para seu trabalho interdisciplinar, até os procedimentos adotados: das formas encontradas para o cultivo do professor até a organização das disciplinas no currículo e seus conteúdos.

Cultivar o professor num projeto interdisciplinar é, antes de mais nada, ajudá-lo a perceber-se interdisciplinar, pois um educador interdisciplinar não se constrói da noite para o dia; ele já se faz anunciar desde seu primeiro contato com o conhecimento. Dessa vivência primeira entre um homem e conhecimento emerge o símbolo que desencadeará todo o processo interdisciplinar. É, sobretudo, um trabalho de explicitação simbólica da experiência vivida. Inicia-se com a análise dos símbolos da instituição onde a experiência ocorre. Esse desvelamento facilita a revelação dos símbolos pessoais dos sujeitos participantes do projeto, e com eles a possibilidade de ampliação gradativa das consciências subjetivas. É, principalmente, um trabalho que poderia ser sintetizado num movimento de saída de uma consciência ingênua e ingresso numa consciência reflexiva — tendo o *cultivo da erudição* como paradigma.

Izabel cuidou em seu projeto/intervenção que a *erudição* seja um bem não apenas para ela, mas um bem compartilhado entre todos os seus parceiros. Para tanto, realizou uma escolha criteriosa do material teórico das leituras de apoio, em que o critério de seleção foi profundidade/simplicidade. Desse binômio resultou o *prazer por conhecer* — indicativo maior da interdisciplinaridade.

O processo de *cultivo* do professor deu-se lentamente, como é próprio de um trabalho interdisciplinar, numa *espera* compartilhada e dinamizada, em que a escolha de estratégias adequadas convergia para a consecução do projeto maior.

A ondulação suave no caminho percorrido por Izabel exigiu dela iniciativa, gosto do risco, capacidade para sair dos esquemas preestabelecidos, maturação de personalidade, enfim, inteiridade, características próprias de alguém que aprecia o ato de conhecer — o sujeito interdisciplinar.

O registro dessa experiência tão plenamente vivida não poderia deixar de ter uma *estética própria*, diferente das visões padronizadas, planificadas e burocratizadas que convencionalmente habitam as investigações, os laboratórios e as universidades. Essa estética própria alterna poesia/prosa/reflexões. Os pressupostos teóricos de que se serviu não sofreram nenhuma forma de patrulhamento ideológico, ou seja, Izabel conduziu suas reflexões tanto a partir de parâmetros ditados pelas ciências convencionais ou pela filosofia, quanto dos enunciados na religião ou na poesia.

1993 – *Interdisciplinaridade na pré-escola — Anotações de um educador "on the road"* — Gabriel de Andrade Junqueira Filho.[3] A expressão *on the road* surge, como diz Gabriel, em sinopse de seu

---

3. Texto retirado do prefácio do livro *Interdisciplinaridade na pré-escola — Anotações de um educador "on the road"* de Gabriel de Andrade Junqueira Filho, Pioneira, 1994.

trabalho, de uma imagem — difundida na cultura contemporânea, no cinema e na literatura — do homem errante, em busca de sua identidade.

Para que o leitor compreenda um pouco mais do não explícito, porém implícito no texto que Gabriel apresenta, direi um pouco mais de como ele surgiu.

Penso que foi há muito tempo, década de 1980, quando conheci Gabriel e sua paixão pela pré-escola. Essa paixão foi-me revelada inicialmente em "sussurros", pois não vinha da academia, lugar onde nos conhecíamos. Era uma paixão pelas crianças, e tudo o que elas têm de mais belo e encantador. Era uma paixão pela forma como elas leem o mundo, forma tão peculiar e mágica que conduziu Gabriel à perplexidade, qualidade maior de um pesquisador interdisciplinar.

Ao lado da paixão pelas crianças, uma outra paixão aninhava-se nele: a de compreendê-las, a de saber mais sobre elas, para poder melhor amá-las, a de fazê-las sujeitos de suas pesquisas, para torná-las coautoras de seu projeto de educação e de vida.

Foi esse pesquisador iniciante, que já houvera participado do Projeto de Antecipação da Escolaridade, que conheci. Dele tornei-me admiradora-parceira. Parceira de sua paixão que também é minha: criança/educação/pesquisa.

Esse trinômio conduziu-nos a organizar a coletânea *Tá pronto, seu lobo? Didática/prática na pré-escola* — desafio maior no qual a intenção foi ganhar novos adeptos à causa da criança e da pesquisa interdisciplinar.

Após essa aventura inicial, Gabriel permanece no meu grupo de estudos e compartilha comigo do prazer em pesquisar a *lógica que preside o trabalho de um professor bem-sucedido*. Foram anos de convivência e trabalho. Após esse tempo, Gabriel vai procurar outros caminhos, descobrir novos referenciais e, então, alimentado, retorna ao grupo de estudos. Percorreu, como todo bom pesquisador, o caminho da conquista de sua própria identidade. A pesquisa passa a adquirir diferentes contornos: a faceta do aluno que foi e que se reflete no que é, do professor que o formou, daquele que se torna, dos sucessos aos fracassos, de uma escola que foi mas que ainda pretende

137

ser, das rotinas de uma sala de aula comum a proposições diferenciadas, do planejado ao inusitado, do refletido ao intuído.

Mil formas de trabalhar a pesquisa por ele são ensaiadas e, finalmente, porque já as havia consolidado, surge esta e, com ela, sua *marca registrada*: pesquisador de crianças pequenas, de pré-escola, aquele que antecede e antevê a escola, naquilo que ainda é livre, não plasmado, não moldado, não estruturado — portanto, *divino*.

O ritual no qual o leitor poderá ser introduzido é um ritual de passagem: do que é no cotidiano ao que poderá ser — das limitações mas, sobretudo, do que foi realizado.

Com esse trabalho, recupera seus diferentes achados: do estudante, do mestre, do sistema da escola. Dialoga com todos, dança com eles, constituindo um roteiro próprio que é uma mistura de sua própria história vivida, como de tantos outros profissionais/anônimos que nutrem pela educação a mesma paixão que Gabriel.

1992 — *A roda e o registro* — Cecília Warschauer.[4] *A roda e o registro* surgiu como livro, embora proposto como dissertação de mestrado. Trata-se, entretanto, de uma dissertação pouco convencional nos meios acadêmicos, aquela que antes de ser tese foi livro, antes de ser para a Academia foi elaborada para todos os que buscam a compreensão do sentido mais profundo do ato de educar.

Conheci Cecília Warschauer, sua autora, em 18.10.1989, saindo de uma banca de defesa de tese de Célia Haas, uma de minhas orientandas. Lembro-me, como se fosse hoje, da interpelação de Cecília: "Após vários anos de busca, encontro-me, finalmente, com uma proposta de educação que me impulsiona a novas pesquisas e me retira da solidão dos meus achados...".

Evidentemente, a proposta de Célia a que Cecília se referia é a proposta que se encontra presente em cada linha desse trabalho, ou seja, sua própria proposta de vida, que denomino: Interdisciplinarida-

---

4. Texto retirado do prefácio do livro: *A roda e o registro — Uma parceria entre professor, alunos e conhecimento*, Cecília Warschauer, São Paulo, Paz e Terra, 1993.

de — a solidão referida, aquela que é particular a todos os que têm na interdisciplinaridade seu propósito de vida profissional.

A empatia estabelecida naquele momento, e a partir daquela afirmação tão sincera, conduziu-me a um convite para que Cecília participasse do grupo de estudos sobre interdisciplinaridade que há dois anos semanalmente eu vinha coordenando na PUC/SP. Do ingresso de Cecília no grupo à sua defesa de tese dois anos se passaram. Dois anos que possibilitaram uma profunda troca, um verdadeiro encontro, um exercício de intersubjetividades, tudo isso culminando no registro e na análise da história de uma professora comum (?), com seus alunos comuns (?), em escolas comuns — tese ou dissertação de mestrado.

História comum, que a maestria de Cecília transformou numa grande produção teatral com cenários requintados, guarda-roupa criteriosamente escolhido, tenores, barítonos e coro muito afinados e jogo de cena perfeito. Abre-se a cortina, e ato após ato o leitor aprende a ouvir o som possível de uma música imaginária saída do livro de Cecília. Tal como numa obra de arte, a história conduz cada espectador a rever-se no jogo e na trama que vai sendo pontuadamente apresentada. É o apelo ao simbólico de cada um, através da manifestação totalizante do símbolo, que levou Cecília a pensar a *Roda*.

Roda — muito refletimos sobre esse símbolo que aparece a outros pesquisadores da interdisciplinaridade sob formas variadas, porém, idêntico em sua essência: caracol, labirinto, bolha, túnel, e dessas reflexões uma hipótese: por ser interdisciplinaridade uma atitude que convida à busca da totalidade, nela, seu símbolo próprio: a roda, o círculo, enfim, a mandala encontrada, tão presente no inconsciente dos pesquisadores atuais, quanto nos registros mais antigos das civilizações primeiras.

Mas, é *roda*, é *mandala*, é *círculo*, é *movimento* que induz e conduz à *produção do conhecimento* — não de um conhecimento qualquer, mas daquele que se registra, se elabora, se alicerça, se amplia e se reconstrói. Conhecimento próprio do ser humano que existe, sempre, em toda sua vida, tenha ele zero, cinco, dez ou oitenta anos...

A proposta de Cecília, tal como é comum às excelentes proposições interdisciplinares, nasce da indagação, da problematização, da dúvida. Nasce do desejo de caminhar na interrogação e não esvair-se nela; nasce da contradição da espera e da necessidade de ir além. Nasce da ousadia da luta, da luta entre contrários, do desejo da aquisição de identidade. Nasce de projetos pessoais de vida, porém conduz a projetos coletivos de trabalho. Nasce da alegria e permanece nela até o final...

Abre-se a cortina, encena-se a obra de Cecília, seu cotidiano de sala de aula, de pré-escola, primeiro grau, ou qualquer grau ou momento de ensino.

A estética própria desse trabalho é a da cor, a da imagem e a da palavra se alternando. Fotos, reproduções de trabalhos de alunos, das páginas do diário de classe de Cecília à recriação gráfica de discussões ocorridas. Tudo é inserido no texto para explicitar o movimento do discurso do questionamento e da produção do conhecimento.

A cortina se fecha em seguida, ouvem-se os aplausos e na alegria e na força desses aplausos a possibilidade de mil outras obras serem encenadas — aquelas que já vêm sendo gestadas em outras salas de aula, mas que a impossibilidade de sistematização as impede de serem conhecidas, e todas as outras mais, que ainda virão, afirmando ou negando a utopia vivida por Cecília naquele ano, naquela escola, naquela sala de aula, sincronicamente ocorrida em minha sala de aula de pós-graduação e em tantas outras salas de aula de professores comprometidos, que nesses anos de pesquisa em educação a vida tem me levado a conhecer com prazer.

APONTAMENTOS BIBLIOGRÁFICOS*

APOSTEL e outros. *Interdisciplinariedad y ciencias humanas*. Espanha, Tecnos, Unesco, 1983.

_____. *L'interdisciplinarité — Problèmes d'enseignement et de recherche dans les universités*. Nice, OCDE, 1972.

BUBER, M. *La vie em dialogue*. Paris, Montagne, 1959.

BUGTENDIJK, J.J.F. *Phénoménologie de la rencontre*. Brower, 1967.

CHIZZOTTI, A. "Pesquisa e sala de aula", *Rev. Ciência e Cultura*, SBPC, 42, novembro de 1992.

DE WAELHENS, A. *Existence et signification*. Paris, 1967.

DELANGLADE, J. *Essai sur la signification de la parole*.

FAZENDA, I.C.A. *Interdisciplinaridade: Um projeto em parceria*. São Paulo, Loyola, 1991.

---

* Os demais apontamentos foram indicados no texto.

_____. *Integração e interdisciplinaridade no ensino brasileiro: Efetividade ou ideologia?.* 2ª ed., São Paulo, Loyola, 1992.

FAZENDA, I.C.A. e ANDRÉ, Marli. "O redimensionamento da didática a partir de uma prática de ensino interdisciplinar", Relatório de Pesquisa, CNPq, 1989.

_____. "A prática da interdisciplinaridade na formação de professores da escola de 1º grau", Relatório CNPq, 1991.

FAZENDA, I.C.A. e PETEROSSI, H. *Anotações sobre metodologia e prática de ensino na escola de 1º grau.* 3ª ed., São Paulo, Loyola, 1989.

_____. *Educação no Brasil anos 60 — O pacto do silêncio.* São Paulo, Loyola, 1985.

_____. *Encontros e desencontros da didática e da prática de ensino.* São Paulo, Cortez, 1988.

_____. *Tá pronto, seu lobo? Didática/prática na pré-escola.* São Paulo, Ática, 1988.

_____. *Metodologia da pesquisa educacional.* São Paulo, Cortez, 1989.

_____. *Práticas interdisciplinares na escola.* São Paulo, Cortez, 1991.

_____. *Novos enfoques da pesquisa educacional.* São Paulo, Cortez, 1992.

FAZENDA, I.C.A. *et al. Um desafio para a didática.* São Paulo, Loyola, 1988.

FORDHAM, M. *Children as individuals.* Londres, H. and Stoughton, 1969.

GUSDORF, G. *Des sciences de l'homme sont des sciences humaines.* Estrasburgo, Editora da Universidade de Estrasburgo, 1967.

_____. *A fala.* Porto, Despertar, 1970.

IANNI, O. "A crise de paradigmas na sociologia". *Revista Brasileira de Ciências Sociais*, 1989.

JAPIASSÚ, H. *As paixões da ciência*. São Paulo, Letras e Letras, 1991.

_____. *A psicologia dos psicólogos*. Rio de Janeiro, Imago, 1983.

_____. *Interdisciplinaridade e patologia do saber*. Rio de Janeiro, Imago, 1976.

LYOTARD, François. *O pós-moderno*. Rio de Janeiro, José Olympio, 1988.

MERLEAU-PONTY, M. *Fenomenologia da percepção*. Rio de Janeiro, Freitas Bastos, 1977.

MOREIRA, S. *Da clínica à sala de aula*. São Paulo, Loyola, 1989.

NEUMANN, E. *The child*. Nova York, G.P. Putnam's, 1973.

PALMADE, G. *Interdisciplinarité et ideologies*. Paris, Anthropos, 1977.

PIGEM, J. *Nueva conciencia*. Barcelona, Integral, 1991.

RICOEUR, P. *Interpretação e ideologia*.Rio de Janeiro, Francisco Alves, 1988.

SANTOS, B.S. *Introdução a uma ciência pós-moderna*. Rio de Janeiro, Graal, 1989.

SUERO, J. *Interdisciplinaridad y universidad*. Madri, UPCM, 1986.